家长学AI

父母高效助学手册

雷波◎编著

化学工业出版社
·北京·

内 容 简 介

本书是一本面向现代家庭的实用教育指南，旨在帮助父母在人工智能时代科学、高效地辅助孩子学习与成长。

全书从消除家长对AI技术的误解与焦虑入手，搭建系统认知框架。聚焦学科辅导场景，针对语文、数学、英语等核心科目，提供定制化AI助学策略——通过"AI批改作文"等生动实例，直观展现AI技术如何精准提升学习效率。在素质教育领域，提出"跨学科知识活化"理念，设计趣味实践活动，同时指导家长运用AI工具，深度激发孩子的创造力、思辨力等多元潜能。

本书融合政策与实践，有理论也重实操，以场景案例提供全方位的解决方案，规避AI滥用风险，发挥其最大的教育价值，是AI时代家庭教育的导航手册。

图书在版编目(CIP)数据

家长学 AI：父母高效助学手册 / 雷波编著 .

北京：化学工业出版社，2025. 10. -- ISBN 978-7-122-48755-1

Ⅰ . G78-39

中国国家版本馆 CIP 数据核字第 20254C8X52 号

责任编辑：潘　清　孙　炜　　　　　　　封面设计：异一设计
责任校对：李雨晴　　　　　　　　　　　装帧设计：盟诺文化

出版发行：化学工业出版社（北京市东城区青年湖南街13号　邮政编码100011）
印　　装：天津裕同印刷有限公司
880mm×1230mm　1/32　印张6¹/₂　字数177千字　2025年10月北京第1版第1次印刷

购书咨询：010-64518888　　　　　　　　售后服务：010-64518899
网　　址：http://www.cip.com.cn
凡购买本书，如有缺损质量问题，本社销售中心负责调换。

定　　价：59.00元　　　　　　　　　　　　　　　版权所有　违者必究

当 AI 浪潮席卷教育领域，父母该如何自处？

目前，我们正身处一个技术重构一切的时代。人工智能不再是科幻电影中的概念，而是深度融入教育场景：智能题库精准地推送习题，AI 老师 24 小时答疑，甚至能解析作文中的情感、生成创意故事……这场变革让许多家长既兴奋又焦虑——兴奋于技术带来的教育红利，焦虑于自身对 AI 的陌生与无力。

作为父母，我们是否会被时代抛下？当孩子熟练地使用 AI 工具时，我们能否成为他们真正的引导者而非旁观者？这些问题背后，折射出家庭教育的深层挑战：在 AI 时代，父母的角色需要从"知识传授者"转向"学习协作者"，从"经验依赖者"升级为"技术赋能者"。而本书正是为回应这一挑战而生的。

为何写这本书？——破解三大教育困局

困局一：资源过剩与选择迷茫

当前教育类 AI 工具层出不穷，但质量参差不齐。许多家长陷入"选择焦虑"：AI 答题软件会削弱孩子的思考能力吗？AI 绘画工具是否适合小学生？本书通过厘清不同工具的适用场景，建立"需求—年龄—兴趣"三维筛选模型，让选择回归理性。

困局二：效率至上与创造力危机

部分家长将 AI 简单地等同于"提分机器"，过度追求解题速度，却忽略了创造力的培养。本书独辟蹊径，展示如何用 AI 生成动漫角色、编写互动游戏、创作音乐旋律，让技术成为激发想象力的火花，而非提供标准答案的流水线。

困局三：技术依赖与情感疏离

AI 再强大，也无法替代亲子互动中的温度。本书包含"AI+ 共情"模式：通过心理健康自检工具，发现孩子的情绪波动；借助 AI 生成亲子互动剧本，促进深度沟通；用 AI 生成计划表，协调学习与运动的时间……让技术服务于情感联结，而非制造隔阂。

人工智能终将迭代，但父母对孩子成长的深度参与、对教育本质的坚守、在技术洪流中的清醒判断——这些永远是无法被算法替代的"核心竞争力"。愿本书陪伴您，在 AI 时代的教育征途中，与孩子携手走出独一无二的成长之路。

全书结构导览

本书共 8 章，以"认知—实践—升华"为逻辑主线，逐步引导家长掌握 AI 助学的方法。

本书第 1 章和第 2 章主要是建立家长对 AI 的基础认知。第 1 章探讨为什么 AI 是父母必须掌握的教育工具，分析了在政策、技术的变革下教育的新方向，以及如何通过 AI 提升孩子的学习效能。同时，讨论了如何培养 AI 时代的孩子，包括明确规则、强调原创性、监督与指导、培养诚信意识和媒介素养能力等，并解决 AI 学习与手机使用时间之间的矛盾。第 2 章聚焦实践痛点，通过"答疑—适配—选型"三步法，帮助家长根据学科需求、孩子的年龄及兴趣，明确 AI 使用的边界（如数学基础运算需要人工巩固）。

本书第 3 章到第 5 章系统地阐述了 AI 如何赋能现代教育及利用 AI 学习的方法和技能。第 3 章讲解 AI 时代高效学习的方法，这些方法对孩子的学习具有通用性。通过图片法、提问法、费曼学习法、生活场景学习法等方法拓展知识面。第 4 章针对语文、数学、英语等学科，提供 AI 助学方案：语文侧重文言文语境模拟与作文批改；数学通过动态推演提升解题思维；英语依托个性化题库强化语法与阅读。第 5 章主要讲解知识库的作用及具体使用方法，助力孩子在 AI 时代高效地学习。

本书第 6 章内容聚焦在创造力与艺术培养上，主要利用 AI 释放孩子的艺术潜能，培养"人机协同"创新思维。涵盖绘画、音乐、文学等领域：AI绘画工具可实现风格迁移与角色设计；零代码平台辅助开发益智游戏；AI作曲软件助力音乐创作；甚至联合AI撰写小说、设计手办，将创意落地为具体作品。

本书第7章至第8章以AI为纽带，关注孩子的全面发展与长远规划。第7章聚焦身心健康，提供心理辅导分析、体能训练计划，并通过亲子沟通与互动建议，强化家庭情感联结。第8章从"特长挖掘—学习计划—职业方向"三阶段入手，结合SMART原则、番茄工作法等工具，借助AI数据分析能力，制定动态的成长路径，避免盲目内卷。

特别提示：在编写本书时，参考并使用了当时最新的AI工具界面截图及功能作为实例进行编写。然而，由于从书籍的编撰、审阅到最终出版，存在一定的周期，在这个过程中，AI工具可能会进行版本更新或功能迭代，因此实际的用户界面及部分功能可能与书中所示有所不同。

提醒各位读者在阅读和学习的过程中，要根据书中的基本思路和原理，结合当前所使用的AI工具的实际界面和功能进行灵活变通和应用，举一反三。

编著者

目 录
CONTENTS

第 1 章

父母应该了解的
AI 时代的教育观念

为什么 AI 是父母必须掌握的教育工具

时代浪潮下教育变革的需求

传统的教育方式往往难以满足每个孩子的个性化需求，而 AI 通过分析数据和智能算法，能够为每个孩子量身定制学习计划，显著提升教育效率。智能学习系统等 AI 工具通过分级阅读和个性化推荐，不仅能优化学习路径，更能帮助孩子建立自主学习的习惯。

更重要的是，AI 技术正在颠覆传统教育逻辑。在信息触手可及的时代，以记忆为主的学习模式已失去竞争优势。未来教育的重心将转向创造力、批判性思维、情感认知等 AI 难以替代的能力。父母需要及时了解这一趋势，避免让孩子陷入与 AI 比拼记忆的低效竞争，转而聚焦核心素养的培养。父母只有主动拥抱这一变革，才能更好地引导孩子在 AI 时代实现全面发展。

此外，即便不考虑个性化学习，仅考虑孩子的就业问题，作为父母也应该开始重视 AI 方向了。根据教育部公开发布的专业裁撤与新增文件，2025 年共裁撤了服装与服饰设计、教育技术学、公共事业管理等多个专业，新增了以人工智能为首的 29 种新专业，如下图所示，北京师范大学新增了人工智能教育专业。这也证明社会对人才的需求正在发生重大转变，AI 相关领域的人才需求日益增长。在未来的就业市场中，掌握 AI 技术和具备相关知识的人才将更具竞争力。

序号	专业名称	专业代码	所属专业类	学位授予门类	布点高校
	2025年拟批准列入目录的新专业（29种、51个布点）				央视新闻
1	人工智能教育	040117TK	教育学类	教育学	北京师范大学
2	婴幼儿发展与健康管理	040118T	教育学类	教育学管理学	陕西学前师范学院山东女子学院
3	航空运动	040217TK	体育学类	教育学	吉林体育学院
4	区域国别学	0502104TK	外国语言文学类	文学	北京外国语大学

政策引领下的教育新方向

目前，国家政策明确推动“AI+ 教育”深度融合。中共中央、国务院在 2025 年 1 月印发了《教育强国建设规划纲要（2024—2035 年）》，提出利用 AI 促进教育公平与质量提升。2025 年 5 月，教育部发布《中小学生成式人工智能使用指南（2025 年版）》，如下图所示，为中小学 AI 教育提供规范性指导，强调技术应用中的伦理安全与创新能力培养。

这充分表明，AI 教育已经成为国家层面的意志，必将在全国范围内引领所有学生在学习内容及学习方式上逐步 AI 化，因此每一个父母都不可以再对此视而不见。

中小学生成式人工智能使用指南（2025年版）

2025年5月教育部基础教育教学指导委员会正式发布文件

本词条缺少概述图，补充相关内容使词条更完整，还能快速升级，赶紧来编辑吧！

《中小学生成式人工智能使用指南（2025年版）》是2025年5月教育部基础教育教学指导委员会正式发布文件，针对不同学段学生认知水平，明确生成式人工智能工具的使用边界。确保技术工具平等地惠及不同地区和个体，无障碍地服务有身体或认知障碍的特殊需求群体。[5]

《指南》明确五大应用原则，具体包括：坚持育人导向，强化素养本位；坚持教育公平，尊重学生差异；坚持价值引领，确保技术向善；坚持需求驱动，持续稳步推进；坚持底线思维，保障安全可控。

为切实保障学生隐私与数据安全，《指南》明确要求构建覆盖数据安全、伦理审查、内容监管的全链条保障机制。严禁师生在使用生成式人工智能工具时输入考试试题、个人身份信息等敏感数据，从源头上杜绝隐私泄露风险。各中小学校需建立健全生成式人工智能工具“白名单”制度，经严格审核评估，仅允许符合教育场景需求且数据安全合规的工具进入校园使用。教育行政部门将持续强化监管职责，对技术供应商的数据收集、存储、使用及传输等处理流程实施动态审查，确保其严格遵循个人信息保护法等法律法规要求，切实维护学生个人信息安全与合法权益。[4]

中文名	中小学生成式人工智能使用指南（2025年版）	颁布时间	2025年5月12日

词条统计

浏览次数：1562次

编辑次数：3次历史版本

最近更新：喝可乐吃辣条（2天前）

突出贡献榜

贵霜行省

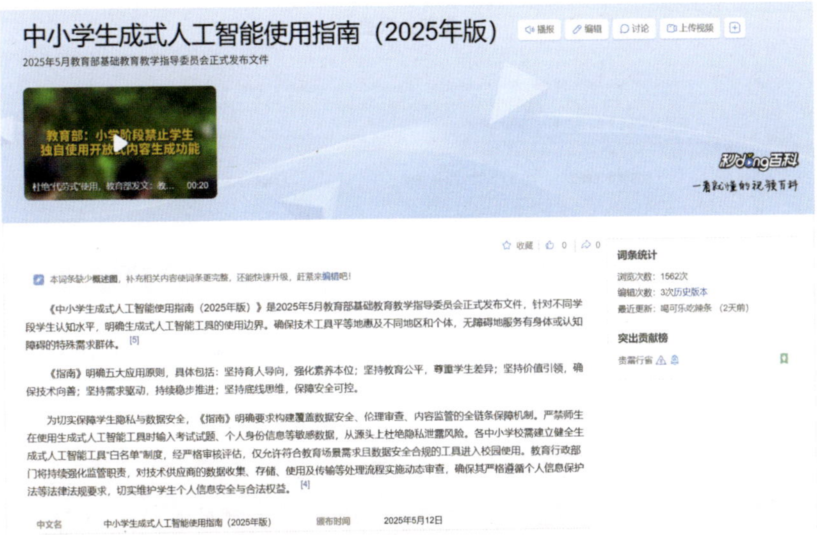

实际上，在教育部的纲领性文件发布之前，有些地方的教育部门就已经开始了 AI 教育布局。例如，广东省在 2025 年 4 月发布了《广东省中小学教师人工智能素养框架（试行）》《广东省中小学生人工智能素养框架（试行）》《广东省中小学人工智能课程指导纲要（试行）》3 个重要文件，如下页图所示，明确了教师和学生分别需要具备的人工智能素养标准，以及人工智能课程的实施要求，文件里有非常详细的素养维度和具体要求、课程目标、内容结构及实施建议。

对比前面提到的教育部相关文件，可以说广东省的这 3 个文件给出了更具体、更可操作的分层分级指导框架和课程落地路径。如果希望了解不同年级的学生究竟应该掌握哪些 AI 知识，不妨翻看广东省的这 3 个文件。

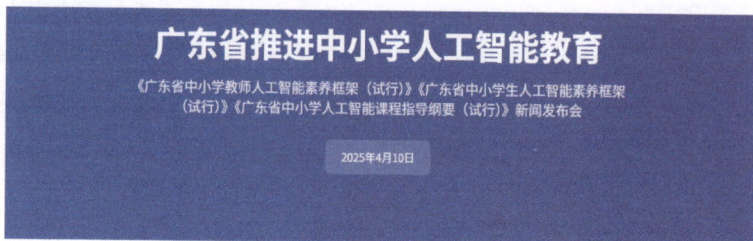

作为全国教育高地的北京也在 2025 年 3 月发布了《北京市推进中小学人工智能教育工作方案（2025—2027 年）》的通知，如下图所示，明确表示 2025 年全面开设中小学人工智能通识课，形成"国家指南—地方试点—学校落地"的三级推进模式。

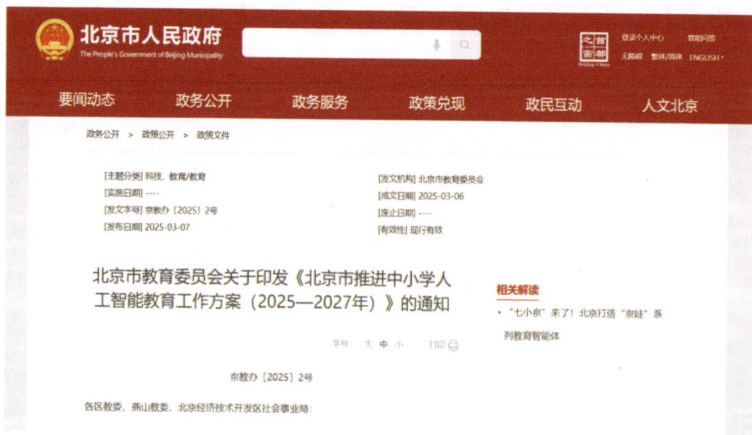

避免出现 AI 思维鸿沟

现在的孩子未来必然要和 AI 打交道，就像父母们当年学用电脑一样。但 AI 带来的差距不只是有没有设备，更关键的是如何认识 AI、会不会用、怎么用。如果父母自己不懂 AI，就很难引导孩子正确使用它。

比如，别的孩子用 AI 高效地学习、拆解难题甚至激发跨学科创新思维，而我们的孩子可能遇到困难时不知道怎么借助 AI 工具来分析解决。这种差距会让孩子的学习效率、解决问题的思路甚至未来的想象力都落后一大截，形成看不见的"思维鸿沟"。

此外，当孩子用 AI 做作业或探索时，父母如果完全不懂，不仅辅导不了，连交流都可能困难，孩子还可能因为技术落后产生自卑感。因此，父母只有先掌握 AI 这个"新工具"，才能帮孩子跨越设备差异，真正学会驾驭 AI 提升能力、拓展思维，让 AI 成为孩子成长的助力，而不是拉大差距的鸿沟。

用 AI 解决知识的诅咒

知识的诅咒是认知心理学中的一个概念，指当一个人掌握了某种知识后，就很难想象没有这种知识的人会如何思考和行动。这种现象在家长辅导孩子学习时尤为常见。

※ 典型表现

家长表现："这么简单你怎么不会？""我讲得很清楚了。"

孩子表现：困惑不解、学习挫败感、自我怀疑等。

调查显示，85% 的家长在辅导孩子时会不自觉地陷入"知识的诅咒"，其中数学、物理等科目最为严重，这个后果就是家长与孩子在学习时容易产生各种矛盾，甚至有新闻表示，家长由于辅导孩子被气到出现严重的健康问题，而孩子对学习产生焦虑与恐惧。

※ 产生的影响

知识的诅咒对孩子的学习效果、动机和情绪状态均会产生深远且复杂的负面影响。当家长或教育者因自身熟悉知识而无法从初学者的视角进行教学时，孩子往往因抽象的概念难以具象化而出现理解不扎实、知识链条断裂等问题，长期积累形成难以弥补的知识漏洞。这种认知偏差会进一步扭曲孩子的自我评价，使其形成"我太笨"的固化思维，逐渐丧失学习信心。

在情绪层面，持续的挫败感会诱发焦虑、抑郁等心理状态，进而演变为对学习的抵触或逃避行为，例如作业拖延、课堂参与度降低。

如下图所示为不同年级青少年压力来源，数据表明父母施加的压力（如父母对我太严、期望过高或总拿我与他人比较、与父母沟通不畅）占比较高，位居主要压力源前列，这些都在不同程度地影响着青少年的学习效果、动机和情绪状态。

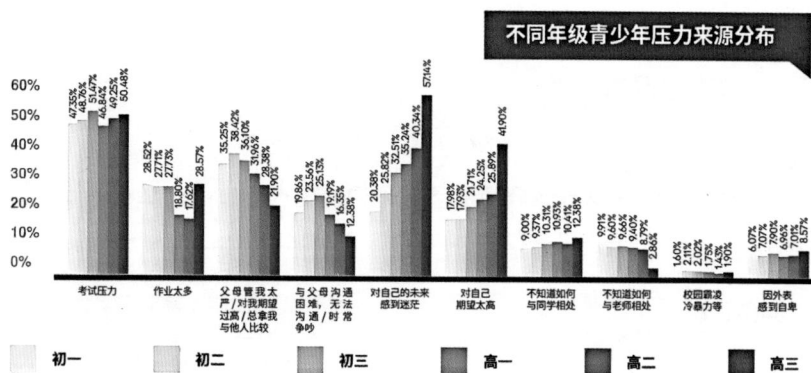

不同年级青少年压力来源分布

——20690 名表少年心理健康匿名调查

根据科学研究，当孩子长期处于压力与焦虑情绪下，大脑会受到多方面的负面影响。

一是脑结构与功能受损。长期处于压力下会抑制前额叶皮层活动，使执行功能下降；焦虑会让杏仁核过度激活，削弱情绪调节能力；慢性压力还会损害海马体，导致记忆力减退，如下页图所示。

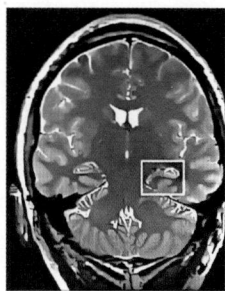

	Mean (SD) Volume, mm³	
Subfield	长期压力	正常
CA3/DG	109 (15)	123 (16)
CA1	170 (20)	177 (17)
CA1/2 transition	7 (0.7)	7 (0.8)
Entorhinal cortex	105 (41)	103 (22)
Subiculum	105 (21)	106 (16)
海马体体积	2035 (234)	2178 (181)

Wang et al. Magnetic Resonance Imaging of Hippocampal Subfields in Posttraumatic Stress Disorder. *Archives of General Psychiatry*, 2010, 67(3), 296-303.

二是可能出现神经发育障碍。儿童期压力过大会造成大脑发育不平衡，增加青春期抑郁和焦虑的风险，也会使白质与灰质发生变化，影响认知与情绪管理。

三是存在长期心理健康风险，易引发精神疾病，还会削弱社交能力，增加攻击冲动行为。

对家长而言，在"知识诅咒"下的辅导会显著加剧亲子关系的紧张状态，形成"家长越教越怒，孩子越学越怕"的恶性循环。这种教育效能的低下使得家长的时间投入与孩子的学习成果严重失衡，不仅消耗大量精力，还会引发家长的自我怀疑、愤怒和无力感，甚至将教育压力转化为对孩子的负面标签化评价。

更严重的是，若家长未能意识到自身被"知识诅咒"所困，可能长期采用填鸭式教学或过度干预，进一步抑制孩子的自主学习能力和创造力。这一系列连锁反应最终可能导致家庭教育的整体失效，同时损害孩子的认知发展与心理健康。

在这种情况下，父母不妨让位于 AI 辅助，通过为孩子提供 AI 学习方法，缓解自身因知识水平差异导致的辅导困境。AI 作业助手能够根据孩子的学习进度和理解能力，提供分步骤的解题思路而非直接提供答案，避免家长因"知识诅咒"而难以用孩子能理解的方式讲解。

提升家长辅导手段与效果

在辅导孩子写作业时，很多家长都有类似的体验：明明是自己会做的题，讲出来孩子却听不懂；或者碰到许多家长也不会做的题目。这时候，AI 可以成为家长的"隐形助手"，让辅导变得更轻松、更有效。

比如，AI 能根据孩子的错题自动分析薄弱点，生成具有针对性的练习，省去家长自己翻书找题的时间；还能用动画、互动游戏等方式讲解抽象的概念，比如用拆分积木块演示数学应用题，比干巴巴的口述更直观。孩子卡壳时，AI 能即时提供解题思路，避免家长直接给出答案，培养孩子独立思考能力。

更重要的是，AI 没有情绪波动。它可以保持耐心，用不同的方式反复引导，缓解亲子间的紧张氛围。

与其把 AI 视为替代品，不如把它当作一种"教育杠杆"——家长依然主导教育方向，而 AI 负责填补方法上的短板，让亲子辅导少些鸡飞狗跳，多些共同成长的成就感。

通过有效运用 AI 技术降低育儿成本

在传统教育模式下，家庭通常需要承担高昂的固定费用，包括学费、课外辅导班费用、教材费、交通费及学区房投资等。优质教育资源集中的学区房价格往往居高不下，而课外辅导班按课时计费，长期累积下来是一笔不小的开支。此外，传统教育依赖人工教学，教师的时间成本高，个性化教学资源有限，导致边际成本难以降低，且教育资源分配不均衡，农村和欠发达地区的教育投入相对不足。

而在 AI 时代，教育成本结构发生显著变化。AI 技术的引入使得个性化学习方案得以实现，而且绝大多数 AI 产品是可以免费无限使用的，这就相当于为孩子请了一个免费的高水平辅导教师。例如，许多家庭为了提高孩子的口语水准，需要请真人外教，这样的教师费用，半小时通常在百元左右，但通过 AI 语音交互应用，孩子能与虚拟外教进行情景对话练习，系统不仅能实时纠正发音和语法错误，还能根据孩子的水平动态调整对话难度，几乎可以全天候无限畅聊，且无须预约或额外付费。这些技术突破大幅降低了家庭教育支出的绝对金额，使优质教育资源突破时空与经济门槛，大幅度降低了当前家庭的育儿成本。

为孩子制定使用 AI 工具学习的行为规范

明确规则

家长需要与孩子进行明确的沟通，共同制定使用 AI 工具的规则。要让孩子清楚地认识到，AI 工具可以作为学习和研究的辅助手段，但绝不能用来替代自己的思考和创作。通过制定规则，帮助孩子建立正确的使用观念，引导他们在学习过程中合理地借助 AI 工具，而不是过度依赖。

强调原创性

家长应着重强调学术原创的重要性。教育孩子了解抄袭和作弊行为带来的严重后果，包括对个人信誉和未来学术生涯长久的负面影响。培养孩子尊重他人的知识产权，鼓励他们发挥自己的创造力，形成独立思考和创作的习惯，从而在学习和成长过程中坚守原创原则。

监督与指导

家长需要监督孩子的学习，确保他们在完成作业时能够独立思考。在孩子使用 AI 工具时，家长应提供及时的指导，帮助孩子理解和分析 AI 工具所提供的信息，并鼓励他们在此基础上发展自己的观点，引导孩子正确地将 AI 技术融入到学习中，作为辅助工具来提升学习效果。

培养诚信意识

家长应通过日常的对话和自身的行为，树立诚信的榜样，让孩子从小就明白诚信的价值。比如，可以通过分享诚信的重要性和讨论相关的案例，帮助孩子建立起坚定的诚信意识。让他们在使用 AI 工具的过程中，也能够坚守诚信原则，避免出现抄袭、作弊等不诚信的行为。

培养媒介素养能力

家长要帮助孩子提高对 AI 工具的认知水平，使其能够辨别 AI 生成内容的质量和可靠性，引导孩子了解不同 AI 工具的特点。例如，Kimi 擅长长文章处理，DeepSeek 在某些专业知识领域有优势等。同时，告诉孩子不能盲目相信 AI 给出的所有答案，要结合自己的知识和判断去筛选有用的信息。当孩子遇到 AI 给出的模糊或错误答案时，家长可以和孩子一起分析错误的原因，教孩子如何验证答案的正确性，如通过查阅权威书籍、官方网站等可靠渠道来对比核实，从而培养孩子对信息的批判性思维。

引导孩子平衡 AI 工具的使用与自我努力

在学习过程中，AI 工具确实能提高学习效率，但家长要让孩子明白不能过度依赖。比如在写作时，可以允许孩子使用 AI 工具来获取一些思路，但要规定孩子必须自己完成初稿的撰写。家长可以和孩子一起制订学习计划，合理地安排使用 AI 工具的时间和任务范围。例如，规定孩子在做数学作业时，先自己独立完成 80% 的题目，剩下的 20% 可以借助 AI 工具进行思路拓展或攻克难题。同时，要向孩子强调，个人的努力和积累才是学习的根本，AI 只是辅助工具，只有通过自己的不断努力才能真正提升能力，在考试等不被允许使用 AI 的场景下才能凭借自己的实力取得好成绩。

用 AI 构建学习状态

如何解决使用 AI 学习与使用手机的时间矛盾

使用 AI 工具进行学习不可避免地会增加孩子接触手机和电脑的时间。对于自控力较强的孩子，这能够带来良好的学习效果。然而，如果孩子的自控能力较差，同时父母又无法在旁监督，则可能会出现看似在学习，但实际上却在玩游戏的情况。在这种情形下，父母有必要采取以下措施，帮助孩子逐步养成利用 AI 工具进行有效学习的习惯。

※ 设置屏幕时间上限

将合理设置屏幕时间作为切入点。现在的智能手机基本上自带使用时长管理功能，比如 iOS 的"屏幕使用时间"或 Android 的"屏幕使用时间管理"，可以设置每天的总使用时长上限，还能针对不同类型的应用分别设限。建议开启密码保护防止自己随意修改设置，最好还能设置固定的"停机时间"强制休息。

※ 监督式 AI 学习

在使用 AI 工具学习时最好有人监督，可以固定每天 1~2 小时作为家长陪伴的 AI 学习时间，边用 AI 工具边讨论 AI 给出的答案是否合理。建议采用"肩并肩"而不是"面对面"的方式监督，这样氛围会更轻松。每次使用后可以简单记录学习收获，定期检查 AI 提供的信息是否准确。剑桥教育研究院的研究显示，有监督的 AI 学习效果比独自使用高出 58%，还能有效避免技术滥用。

※ 清理干扰应用

清理手机里的干扰应用也很重要。建议卸载那些特别容易让人沉迷的应用，比如短视频平台、社交媒体、游戏等。

※ 物理隔离手机

物理隔离可能是最直接、有效的方法。学习时可以把手机放在其他房间，或者使用定时锁盒保管。至少要把手机调成静音模式，放在视线之外的地方。对于不便移动的台式电脑，可以采用收起鼠标、键盘的方法达到物理隔离电脑的效果。

用 AI 建立游戏与学习之间的缓冲带

当孩子结束游戏或玩耍后，往往难以立刻进入学习状态，需要一个过渡期来调整注意力。此时，AI 可以发挥缓冲作用，通过轻松、有趣的学习方式帮助孩子逐步进入专注状态。

例如，AI 可以生成生动的课程图片、用费曼学习法以简单易懂的方式讲解知识点、将课程内容改编成朗朗上口的歌词、提炼核心要点帮助孩子快速理解或提供多样化的学习素材激发孩子学习的兴趣。这些方法既能降低学习门槛，又能让孩子在轻松的氛围中自然过渡到高效学习模式，减少抵触情绪，提高专注力。这些方法在后面的章节中会具体讲解。

第 2 章

为孩子找到最合适的 AI 学习伙伴

孩子使用 AI 的常见问题

AI 会抑制孩子独立思考吗

答案并不是绝对的。这主要取决于 AI 技术是如何被使用，以及如何与教育方法相结合的。

如果 AI 被当作辅助工具，帮助孩子们解决难题、提供个性化的学习路径和资源，并鼓励他们通过探索和实践来解决问题，那么不仅不会抑制孩子独立思考，反而会促进其发展。

然而，如果孩子过度依赖 AI 完成作业或解决问题，而不自己思考，就可能会影响到他们独立思考的能力。这样做的风险在于，孩子们可能会失去面对挑战时尝试不同解决方案的机会，而这些机会对于培养批判性思维、创造力和解决问题的能力至关重要。

因此，AI 本身并不会直接抑制孩子独立思考，关键在于如何使用它并结合有效的教育策略，确保孩子能够在利用 AI 优势的同时，也拥有足够的机会锻炼自己的思考能力和解决问题的技巧。在这个过程中，家长和教师要指导孩子如何正确使用 AI，帮助孩子建立健康的 AI 使用习惯，同时保护和发展他们独立思考的能力。

AI 给出的答案总是正确的吗

有些人可能觉得 AI 给出的答案一定是准确无误的，从而完全信任。然而事实并非如此，AI 也是基于已有的数据和算法进行运算得出结果的，可能因存在数据偏差、算法局限等情况导致答案出错。

比如，在学习数学解题思路时，不能直接照搬 AI 给出的解题步骤和答案，而是应该通过自己手动计算、查阅其他参考资料等方式进行交叉验证。就像学习物理，对于 AI 给出的物理实验结论，孩子们要结合实际操作及课本中的理论知识去判断其正确性，这样才能确保所学知识的准确性，避免被错误信息误导。

AI 能否完全替代老师的角色

虽然 AI 在知识传授方面有诸多优势，如可以 24 小时不间断提供学习资源讲解等，但它永远无法取代老师。

老师在教学过程中给予学生的情感关怀、个性化的学习指导及人格塑造等方面的作用是 AI 无法企及的。例如，在学习写作时，老师能根据每个学生的写作风格、情感表达特点等进行一对一的指导，给予鼓励和建议，帮助学生克服写作的心理障碍，培养写作兴趣和自信心，而 AI 只能按照既定的规则对文字进行批改和简单的评价，缺乏这种人文关怀和情感互动，所以老师在教育过程中的地位是不可被 AI 取代的。

AI 能教授所有知识吗

AI 在教学过程中存在一些局限性。在一些需要通过图片讲解的知识点上，AI 的表现可能不尽如人意。以数学中的几何教学为例，学生需要通过观察三维图形的图片来理解其结构和性质，而 AI 可能无法准确地描述和展示这些图形的细节，导致学生难以形成直观的认识。

又如在物理教学中，涉及电路图、力学示意图的知识点，通过图片能够更清晰地展示各个元件之间的连接关系和作用方式，如下图所示。但是，AI 在处理这类内容时可能会出现表述不清或遗漏关键信息的情况。

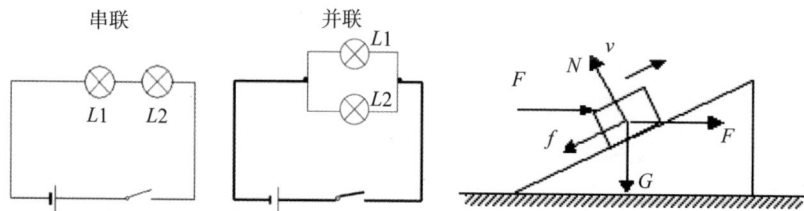

因此，AI 不能教授所有内容，它在某些方面还需要与传统教学方法相结合，才能更好地满足学生的学习需求。

AI 对孩子学习的积极影响

在学习中掌握思考模式与逻辑

AI 能够通过引导帮助孩子建立清晰的思考框架。在传统学习中，逻辑训练常依赖教师的经验总结或固定的解题模板，而 AI 能根据孩子的认知进度动态调整训练路径。

当孩子面对问题时，AI 会逐步拆解核心要素，引导其自主分析条件与目标的关系，培养"问题分解—模式识别—抽象化—验证结论"的完整思考链路。例如，在解数学题时，孩子可以要求 AI 详细展示推导过程，并对其中的任一步骤提出质疑，AI 可以不直接提供答案，而是通过提问启发孩子发现隐藏的规律；在语言学习中，AI 则可以帮助孩子建立因果关系和篇章结构意识。这种训练使思维逐渐脱离零散的知识点记忆，转向建立可迁移的底层逻辑系统。

同时，AI 的即时反馈能精准地捕捉思维偏差，通过对比正确路径与当前思路的差异，帮助孩子修正思考惯性，形成更严谨的认知模式。

例如，针对"两辆火车从相距 480 千米的两个城市同时出发，相向而行。甲车行驶速度为 80 千米 / 小时，乙车行驶速度为 60 千米 / 小时。请问几小时后两车相遇？"这道数学题，孩子们可以通过让 AI 提供思维模式和逻辑来掌握做题的技巧，给腾讯元宝的提示词如下。

请扮演一位耐心的导师，引导我理解如何系统性地思考并解决以下数学问题，不要直接给出最终答案。

问题：两辆火车从相距 480 千米的两个城市同时出发，相向而行。甲车行驶速度为 80 千米 / 小时，乙车行驶速度为 60 千米 / 小时。请问几小时后两车相遇？

请按照以下要求逐步解答。

1. 理解问题

用你自己的话复述问题的核心要素和目标。

识别并列出所有已知条件和需要求解的未知量。

判断这属于哪种典型问题类型？

2. 解释解决这类问题的核心概念是什么？

请确保：语言清晰、逻辑连贯；强调为什么要这样思考，而不仅仅是怎么做。

最终目标是让我理解背后的逻辑和通用方法，而不仅仅是得到这个具体问题的答案。

得到的部分回答如下图所示，由此可以看出，AI 可以为孩子提供解题思路。

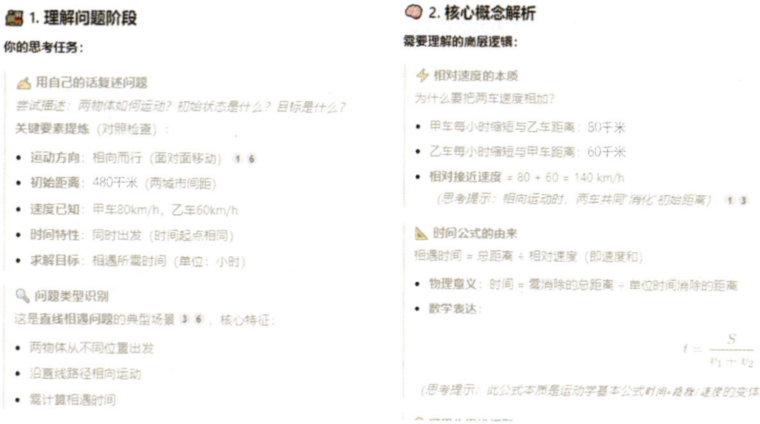

随时用个性化题库刻意练习

在传统的学习过程中，孩子获取知识往往受限于教材、图书馆的开放时间，以及教师的知识储备，而 AI 辅助学习则彻底打破了这些时空与资源的限制，让个性化、精准化的刻意练习成为可能。

例如，当孩子在学习物理中的"汽化与液化"知识点需要做对应的练习题时，可以借助 AI 生成具体的题目，给腾讯元宝的文本提示词指令如下。

为一个初二的学生出关于"汽化与液化"的题目 15 道，且必须是基础、简单的类型，但题目不能雷同，所有题目放在前面，答案放在最后面。

得到的回复如下图所示。

汽化与液化基础练习题（15道）

1. 汽化的两种方式是什么？

2. 夏天晾衣服时，衣服干得快是因为水发生了哪种物态变化？

3. 水沸腾时温度保持不变，说明沸腾是_____（吸热/放热）过程。

4. 下列现象中属于液化的是（　）

　　A. 冰棍冒"白气"

　　B. 湿衣服变干

　　C. 樟脑丸变小

5. 高压锅煮饭更快，是因为高压环境下水的沸点_____（升高/降低）。

6. 冬天车窗玻璃上的"雾气"是车内水蒸气_____（填物态变化名称）形成的。

7. 酒精擦在皮肤上感觉凉快，是因为酒精蒸发时_____（吸热/放热）。

8. 下列哪种方法不能加快液体蒸发？（　）

　　A. 增大表面积

　　B. 降低温度

　　C. 加快空气流动

9. 在高山上煮饭不易熟，是因为海拔越高，气压越_____，水的沸点越_____。

10. "白气"是_____（填"水蒸气"或"小水滴"），属于_____现象。

11. 冰箱制冷时，制冷剂在管道内先_____（汽化/液化）吸热，再_____（汽化/液化）放热。

12. 下列现象中，属于汽化的是（　）

　　A. 露珠形成

　　B. 冰块融化

　　C. 湿毛巾变干

13. 用嘴对手哈气时感觉暖和，是因为呼出的水蒸气_____（填物态变化名称）放热。

14. 液化石油气是通过_____（降温/加压）方法储存在钢罐中的。

15. 夏天从冰箱拿出的饮料瓶外壁出现水珠，是因为空气中的水蒸气遇冷_____（填物态变化名称）。

……

提升学习的趣味性

AI 会将学习过程转化为沉浸式的探索体验。如通过游戏化机制设计，使解题过程被赋予角色成长、任务解锁等趣味元素，并利用积分系统与可视化进度条让抽象的知识积累变得具体可感。知识点的传授方式也不再固定，AI 会根据孩子的兴趣偏好生成个性化的学习剧本——历史事件可转化为探险故事，物理定律可通过虚拟实验验证。这种动态的内容呈现方式可以持续激发多巴胺的分泌，使大脑在学习行为与愉悦感之间建立神经联结，从根本上改变对学习的认知态度。

例如，通过 AI 编一个游戏小程序用来学习英语，下图为笔者编的英语单词填写趣味游戏程序，具体操作会在后面的第 6 章讲解。

代替 7×24 小时私教

孩子的学习需求并非只在课堂上或白天存在，很多时候在晚上或假期也会遇到学习难题。AI 辅导工具可以全天候陪伴在孩子身边，随时为他们提供学习支持。比如，对于那些想要在假期提前预习新学期课程的孩子，AI 学习平台能够提供完整的课程预习资源，包括视频讲解、知识点梳理、课后练习等，让孩子在没有老师现场指导的情况下，也能自主、高效地进行学习。这种 24 小时在线的学习陪伴，能够充分利用孩子的碎片化时间，帮助他们养成持续学习的习惯，提高学习效率。

激发创意思维

作为思维拓展工具，AI 可以通过开放式命题和跨界联想激活孩子们的创造力。生成式模型能产出多维度创意方案，如续写不同可能性的故事分支，引导孩子们突破思维定势。反向推理功能则鼓励孩子们对既有结论提出质疑，例如对历史事件生成颠覆性假说供孩子们进行批判性讨论。

　　AI 还可模拟头脑风暴环境，通过语义联想推荐跨学科知识链接点，催化创新组合。这种非确定性思维训练，显著增强了孩子们的原创性思考与问题重构能力。

　　例如，向 AI 提问："推演一下，如果秦始皇没有统一度量衡，后面的历史将如何发展，这个决定将会对历史产生怎样的影响？"

　　用腾讯元宝得到的回答如下图所示，通过这些回答可以拓展孩子们的思维。

若秦始皇未推行度量衡统一政策，中国历史发展轨迹将发生重大转向，其影响将贯穿经济、政治、文化等多个维度。结合历史规律与文献记载，可推演出以下可能的发展路径及影响：

一、经济领域的割据与低效

1. 区域经济壁垒加剧

战国时期各国度量衡差异显著（如楚国的"郢爰"与齐国的刀币并存），若未统一，跨区域贸易将长期面临换算成本高、信任度低的问题 4 7 。商贾需携带多种计量工具，交易纠纷频发，可能催生地方保护主义，形成以诸侯国为单位的封闭市场 2 9 。

2. 国家财政体系紊乱

田赋征收、军粮调配等核心事务将因计量标准差异产生误差。文献记载秦代通过统一度量衡实现"田租刍藁，量程平准"（里耶秦简），若缺失统一标准，中央对地方经济的掌控力将削弱，甚至出现"诸侯隐匿赋税，中央财政空虚"的局面 5 8 。

二、政治格局的分裂隐患

1. 中央集权制度难以巩固

度量衡作为"王权之尺"，是郡县制实施的重要配套措施。若各地沿用旧制，地方势力可能借计量差异架空中央政令，重现战国时期"政令不出咸阳"的困境 6 9 。汉代继承秦制时强调"度量权衡皆由中央颁行"（张家山汉简），反证统一标准对政权稳定的必要性。

2. 分裂周期可能缩短

考古发现显示，秦代标准量器铭刻"廿六年皇帝尽并天下"字样，具有强化统治合法性的象征意义 8 。若缺乏这种物质化统治符号，新政权更易遭遇地方认同危机，秦末农民起义后或重现"七国复立"而非楚汉相争的格局 3 6 。

不同学科的 AI 学习策略

文科：培养批判性思维与跨学科能力

　　在文科学习中，AI 可助力培养孩子们的批判性思维与跨学科学习的能力。在批判性思维方面，AI 能提供丰富多样的观点和资料，引导孩子从不同的视角看待问题。通过对比分析不同的论述，孩子们可以学会不盲目地接受既有观点，而是深入思考，评估其合理性。

例如，向 AI 提问：

> 请以"失败是成功之母"为题提出三个反常识观点，每个观点需配一个事实论据。

AI 得到的部分回答如下。

> 一、失败并非成功的必要条件——成功可能源于零试错
>
> 反常识核心
>
> 传统观点认为失败是成功的必经之路，但现实中存在大量"首战即胜"的案例，证明精心策划与资源整合可绕过试错阶段。
>
> 事实论据
>
> 中国载人航天工程自 1992 年启动以来，通过"零缺陷管理"模式，在神舟系列飞船发射任务中始终保持 100% 的成功率。例如，神舟五号首次载人即实现完美回收，其核心在于前期模拟实验中完成超万次虚拟失败推演，将实体试错转化为数字预演。这种"虚拟失败替代实体失败"的模式，颠覆了必须经历真实失败才能成功的认知。
>
> 二、成功才是成功之母——正向反馈链的裂变效应
>
> 反常识核心
>
> 连续成功比反复失败更能催生突破性创新，微小成功积累的心理势能可形成"成功复利"。
>
> 事实论据
>
> 3M 公司便利贴的发明历程呈现典型的"成功孕育成功"路径。
>
> 1968 年，斯宾塞·西尔弗研发弱黏性胶水（阶段性技术成功）；
>
> 1974 年，亚瑟·弗莱利用该胶水制作书签（应用场景成功）；
>
> 1980 年，经过 12 年市场培育，该胶水成为全球现象级产品（商业成功）。
>
> 每个阶段的成功都成为下一阶段的跳板，而非传统认知的"胶水黏性不足即属失败需推倒重来"。这种成功链式反应在神经科学层面亦获印证：前额叶皮层在成功体验中会增强多巴胺受体密度，提升后续决策效率。
>
> ……

此外，在跨学科学习能力的培养上，文科知识本身就与多领域相关联。AI 可以将文学、哲学、社会学等知识融合，让孩子认识到学科间的内在联系。它可以帮助孩子打破学科壁垒，构建综合性的知识体系。比如，在学习文学作品时，结合当时的社会背景、哲学思潮等内容，让孩子了解作品的深层含义，从而提升跨学科学习与思考的能力，为文科学习打下坚实的基础。

理科：强化逻辑推理与实验分析能力

对于理科学习，强化逻辑推理与实验分析能力至关重要，AI 对此能发挥显著作用。在逻辑推理方面，AI 可提供各种类型的逻辑问题和推理训练。

它通过逐步引导的方式，帮助孩子掌握逻辑推理的方法和技巧，如归纳、演绎、类比等。在数学学习中，遇到复杂的证明题，AI 能辅助孩子分析题目条件，找到推理的切入点，培养孩子严密的逻辑思维。

此外，它还能对实验数据进行分析和处理，引导孩子解读数据背后的规律。即使没有实际的实验设备，孩子也能通过 AI 深入理解实验原理和过程，从而提高实验分析能力，更好地掌握理科知识。如下图所示，孩子可以通过给 AI "如何用'现象—原理—应用'的推导思维，来学习阿基米德原理这个知识点"的提示词来更好地学习阿基米德原理，腾讯元宝得到的部分回答如下图所示。

用"现象-原理-应用"推导思维学习阿基米德原理的完整路径

一、现象：从生活实例中观察浮力规律

1. 物体浮沉现象

- 船只漂浮在水面，但铁块沉入水底；游泳时身体会自然上浮，但携带重物会下沉。
- **典型现象：** 热气球升空、冰块漂浮在水面、潜水艇通过注水或排水控制沉浮 3 6 。

2. 排开液体的直观表现

- 将物体浸入装满水的容器中，溢出的水量等于物体排开液体的体积。例如，洗澡时水位上升的现象启发阿基米德发现浮力原理 1 4 。

二、原理：揭示浮力的本质与公式推导

1. 核心原理

阿基米德原理指出：**物体在流体中受到的浮力等于其排开流体的重量**，公式为 $F_{浮} = \rho_{流体} \cdot V_{排} \cdot g$ [1] [3] [4]。

- **公式解读**：浮力大小由流体密度（ρ）、排开体积（$V_{排}$）和重力加速度（g）共同决定。

2. 适用条件

- 流体需静止且密度均匀；物体需部分或完全浸入流体中 [1] [4]。
- **例外情况**：若物体未完全接触流体（如桥墩底部固定），浮力计算可能偏离原理 [4]。

3. 浮力来源的微观解释

流体对物体上下表面的压力差产生浮力。例如，浸入水中的物体底部受到的压力大于顶部，形成向上的合力 [4]

艺术：激发创造力与审美能力

在艺术学习中，AI 可有效激发孩子的创造力与审美能力。在激发创造力方面，AI 能够提供海量的艺术素材和创意灵感。它打破了传统艺术创作的局限，可以为孩子展示不同风格、不同形式的艺术作品，启发孩子从多个角度进行艺术创作。孩子可以借助 AI 的引导，尝试新的创作手法和表现形式，突破自身的思维定式，创造出独一无二的艺术作品。

在审美能力培养上，AI 通过分析优秀艺术作品的特点和元素，向孩子讲解艺术的审美标准和评价方法。它带领孩子欣赏各种艺术形式，如绘画、音乐、舞蹈等，让孩子感受艺术的魅力和内涵。通过长期的欣赏和学习，孩子能够逐渐提高自己的审美水平，分辨艺术作品的优劣，形成自己独特的审美观念。例如，通过问 AI "对比《绿野仙踪》和《爱丽丝梦游仙境》在奇幻场景构建上的异同，给奇幻文学创作提供思路"，来了解相关艺术文学创作。

腾讯元宝得到的部分回答如下。

《绿野仙踪》和《爱丽丝梦游仙境》作为奇幻文学的经典之作，在场景构建上既有相似性，又存在显著差异。以下从场景逻辑、空间结构、视觉风格、象征意义四个维度进行对比分析，并结合创作实践提炼奇幻文学的构建思路。

一、场景逻辑的差异：规则化 VS 荒诞化

《绿野仙踪》的规则化世界

线性叙事与目标驱动：多萝西的旅程沿"黄砖路"指向翡翠城，场景转换遵循"启程—考验—抵达"的经典冒险结构。

内在逻辑性：魔法元素（如银鞋、奥兹的谎言）虽奇幻，但服务于角色

成长目标，最终揭示"家是终极归宿"的现实隐喻。

创作启示：目标明确的场景链能增强读者的代入感，奇幻设定需与角色动机深度绑定。

《爱丽丝梦游仙境》的荒诞梦境

非理性逻辑主导：场景转换依赖"吃 / 喝物体变形"（蘑菇变大变小）、无因果的对话（疯帽匠的茶会）等梦境规则。

哲学性颠覆：通过颠倒常识（猫笑时隐身、时间被困在下午茶）解构现实秩序，隐喻成长的困惑。

创作启示：打破物理法则可制造惊喜，但需通过角色反应（如爱丽丝的困惑）赋予荒诞以真实的情感。

……

每个父母都应该具有的 AI 学习素养

通过前面的讲述，相信各位家长应该已经认识到在当今时代掌握 AI 学习素养对孩子教育的重要性和紧迫性，那么如何将这些认知转化为实际能力，让 AI 真正助力孩子的学习与成长呢？下面就来探讨怎样成为 AI 时代合格的父母，以更好地运用 AI 工具提升家庭教育的质量。

挑选适合孩子的 AI 工具

当前 AI 技术呈现多元化发展趋势，在教育领域的应用日益广泛，从智能辅助学习到创意激发工具不断涌现，且技术更新换代速度快，功能持续优化升级。作为一个非专业人员，面对琳琅满目的 AI 教育产品，家长可能难以快速掌握技术原理或准确地评估工具的效果，因此笔者建议优先关注工具的安全性、适龄性和教育目标匹配度三大核心要素。

家长可以根据孩子的学习阶段、兴趣特点及实际需求，选择操作简单、互动性强且能培养孩子自主学习能力的 AI 工具，同时保持适度使用，避免过度依赖技术而忽视亲子互动和孩子思维能力的培养。

下图所示为国产 AI 学习工具分类推荐表。

国产 AI 学习工具分类推荐表

精选国内优质 AI 学习工具，助力孩子高效学习与创意表达

使用建议

· 年龄适配：低龄儿童（3~8 岁）优先选互动强的工具如腾讯扣叮、英语趣配音；高年级（9 岁及以上）可选图灵创客或 DeepSeek

· 设备要求：大部分工具支持 APP 和网站，绘画类建议用平板体验更佳

· 免费性：推荐工具均有免费基础功能（如作业帮、小猿 AI），部分高级功能需订阅

· 安全与健康：工具均含家长监控模式，建议每日使用时长控制在 30 分钟内

综合学习		
工具名称	类型	描述与功能
科大讯飞 AI 学习机	硬件 / 软件	全学科覆盖，AI 个性化精准学，支持数理化英等，立式大屏设计提升专注力，适合系统学习。
DeepSeek	APP/ 网站	国产开源大模型，擅长逻辑推理、代码生成与跨学科问答，免费高效。
Kimi	APP/ 网站	月之暗面出品，支持 200 万字长文本解析，适合文献总结与深度阅读。
腾讯元宝	APP	腾讯混元大模型驱动，支持文档解析、AI 写作与智能体创建，无缝衔接微信生态。
数学学习		
工具名称	类型	描述与功能
学而思九章	APP/ 网站	AI 数学辅导工具，覆盖小学到高中课程，提供智能解题、错题分析和个性化练习，适合系统提升数学能力。
小猿 AI	APP	拍照批改数学作业、AI 错因分析、口算练习，免费无广告，适合课后巩固和基础训练。
作业帮	APP/ 网站	拍照搜题、AI 解题动画，覆盖中小学全数学知识点，题库丰富，适合难题答疑和考试冲刺。

英语学习		
工具名称	类型	描述与功能
英语趣配音	APP	AI 语音评分、跟读纠音，内置影视剧配音素材，适合提升口语流度和中高考口语模拟。
讯飞小书童	APP	科大讯飞出品，支持 AI 情景对话、教材同步朗读评测，专注英语听说训练，适合沉浸式语言学习。
Hi Echo	APP	网易有道出品，虚拟人口语教练，支持雅思模拟、分级对话（小学到职场），提供实时评分和优化建议。

物理学习		
工具名称	类型	描述与功能
作业帮	APP/ 网站	覆盖初中到高中物理题库，AI 动画演示实验原理，如力学、电路等，适合概念理解和解题训练。
腾讯扣叮	APP/ 网站	腾讯教育出品，结合编程模拟物理现象（如重力实验），适合通过互动项目理解物理规律。

化学学习		
工具名称	类型	描述与功能
小猿 AI	APP	化学方程式批改、实验视频解析，AI 生成学习报告，适合分子结构和反应机制学习。
科大讯飞 AI 学习机	硬件 / 软件	内置化学实验模拟和知识点微课，通过 AI 诊断薄弱项，适合系统学习元素周期表和化学反应。

编程启蒙		
工具名称	类型	描述与功能
腾讯扣叮	APP/ 网站	游戏化编程学习，支持图形化模块操作，适合低龄儿童 AI 启蒙，无需编程基础。
图灵创客	网站	项目驱动式 AI 编程课程（如垃圾分类识别），结合 Python，适合初高中生培养逻辑思维。

绘画与创意		
工具名称	类型	描述与功能
即梦 AI	APP/ 网站	字节跳动旗下，中文生成高质量图片，每日免费额度，适合快速激发想象力。
奇域 AI	网站 / 小程序	专注中国风绘画（水墨、皮影戏等），免费积分制，适合培养传统文化审美。
快手可图	APP/ 小程序	快手开发，文生图模型支持汉字生成，操作简单，适合儿童创作带文字的艺术作品。

掌握基本操作技巧

父母需掌握用简单明了的语言向 AI 提问或请求帮助的技巧，比如"如何帮助孩子提高数学成绩？"当 AI 的回答不够详细时，家长可继续追问，如"有哪些具体的学习方法？"借助 AI 辅助家庭教育，丰富教学手段，为孩子提供更全面的学习支持。

人机协作意识

父母要认识到 AI 的优势，如能提供个性化学习建议，但也存在不足，如缺乏情感交流。家长应结合这些特点，调整对 AI 的期望和使用方法。例如，家长可利用 AI 的长处来弥补自身在某些学科知识上的不足，若家长不擅长数学，可利用 AI 为孩子提供数学辅导，同时也要发挥自身的优势，如通过陪伴和鼓励来给予孩子情感支持。

能动意识

父母需要明白每个孩子都是独特的，AI 提供的通用建议要根据孩子的具体情况调整。借助 AI 的数据分析能力，洞察孩子的学习习惯和偏好，制订更个性化的教育方案，并且要鼓励孩子使用 AI 工具进行深入思考和探索，培养其批判性思维和解决问题的能力，而不是让孩子盲目采纳 AI 提供的建议。

关注 AI 发展

随着 AI 技术的发展，每一个家长都应该具备基本的 AI 学习素养，因为新的 AI 工具可能深刻影响孩子的教育方式、学习习惯甚至未来的职业规划，因此家长需要主动了解 AI 技术的发展趋势及其应用场景。比如，可以订阅权威科技教育类资讯，保持对信息的敏感度；或者刻意在刷短视频时关注 AI 赋能教育的案例分析。这样就能在家庭场景中更理性地引导孩子使用 AI 工具，既避免技术恐慌，又能培养孩子在数字时代的核心竞争力，最终帮助孩子在 AI 时代建立正确的技术价值观和应用能力。

第 3 章

AI 时代高效学习的方法

必须掌握的利用 AI 学习的方法

输入纯文字进行提问的方法

在利用 AI 学习的过程中，正确地提问是获取有效答案的关键。如果单纯地使用文字即可清楚地描述问题，则可以选择 DeepSeek、Kimi、文心一言、通义千问、智谱清言、腾讯元宝等 AI 平台。这些平台拥有强大的语言处理能力，能够根据清晰明确的文字描述，提供详细且准确的解答。提问时，要尽量将问题表述得具体、清晰，避免模糊和歧义。本书中学科类纯文字的输出均是通过 DeepSeek 模型实现的。

搭配图片进行提问的方法

在需要搭配图片进行问询时，要选择合适的 AI 平台。例如，对于涉及图片的问题，如几何、物理等学科中的图形分析，不要用 DeepSeek，因为其没有多模态功能，要使用具有图像识别和处理能力的平台，如腾讯元宝、文心一言，它们能很好地识别图片中的信息并结合文字描述给出解答。本书中与数学解题有关的问题是通过腾讯元宝的 hunyuan 模型实现的。

这种思路与方法广泛适用于各科及其他相关知识类答疑的场景，无论是语文的诗词意境配图理解，还是生物学科中的细胞结构图片分析等，都能通过选择合适的 AI 平台，借助多模态提问获取更全面、准确的知识。

通过语音或视频聊天的形式进行提问的方法

当需要通过语音或视频直接与 AI 交互时，可以选择以下智能平台，如豆包、文心一言智能体或 Hi Echo 等语言聊天交互工具。这些平台支持语音或视频输入和实时对话，适合快速提问或口语化交流，以及语言学习或发音纠正等需求。这类工具通过自然的声音或画面捕捉用户的意图，尤其适合不便输入文字的场景，只需说出问题即可获得即时反馈，让知识获取更高效、便捷。例如，本书中与英语口语提升有关的内容是通过豆包等工具实现的。

当从 AI 平台获取答案后，如果孩子对某些内容仍存在疑问，不要轻易放弃，可针对答案不断追问。很多时候，AI 给出的答案可能比较宽泛或者孩子对其中一些专业术语不理解，这时持续追问可以让答案更加细化和深入。此外，许多平台在回答完用户的问题后，会针对此问题自动追问，如下图所示为豆包平台的追问截图。

- **练习巩固**：通过做一些词语辨析的练习题，如选择题、填空题、改错题等，来检验自己对词语的掌握程度，发现问题及时纠正。

◁×　▢　○　⚡分享　⋯　｜　👍　👎

除了上述词语，还有哪些易混淆的词语？　→

如何更好地辨析和运用易混词语？　→

有没有专门的书籍或资料可以帮助学习词语辨析？　→

将知识转换成为图片的 AI 学习方法

图片法理解知识的作用在于通过视觉化的方式将抽象或复杂的信息转化为直观的图像，从而增强记忆效果、促进深度理解并提升学习效率。这种方法能够帮助孩子在学习的过程中快速抓住核心概念，建立知识间的逻辑关联，同时激发联想与创造性思维，尤其适合知识体系的结构化梳理。其直观性使学习过程更具趣味性和持久性，最终实现从被动接收信息到主动构建知识框架的转变。

接下来，笔者以初中生物中"基因遗传中的显性与隐性"知识为例，具体演示如何利用豆包 AI 先思考知识的核心知识内容，最终将其转换为直观的多图片场景画面。这样当孩子学习生物中这一重要内容时，只需要看一下 AI 生成的画面，即可轻松理解基因遗传中的显性与隐性相关内容，并通过视觉联想与场景复现，将抽象概念转化为长期记忆，实现高效的知识内化。

进入豆包官方平台界面，点击左侧菜单栏中的"图像生成"按钮。

在提示词文本框中输入相关提示词文本，笔者输入的提示词为"创作一个连续漫画，要有若干画面，以一个白孔雀、一个黑孔雀为例，解释'基因遗传中的显性与隐性'相关知识，在每一幅漫画上配有简要的文字说明，并以相同的数字风格标上图片序号。画面风格为国风插画风格"，如下图所示。

点击文本框右侧的 ↑ 按钮，即可生成相关知识内容的图片。豆包给出的"基因遗传中的显性与隐性"相关知识的图片内容如下所示。

除此之外，我们还可以使用 AI 生成其他动物形象和其他风格的图片来理解同一个知识点。笔者又在下方的文本框中输入了"换成小猫的形象来讲这个知识点，再生成 5 张图片"的提示词，如下图所示。

再次单击文本框右侧的 ↑ 按钮，即可生成小猫形象的图片，生成的效果如下组图所示。

以上这些图片生动而有趣地展示了初中生物中"基因遗传中的显性与隐性"的具体内容，能够帮助孩子直观地记忆知识点，使其印象更深刻。

通过提问拓展知识的 AI 学习方法

培养孩子提问能力的重要性不言而喻，爱因斯坦曾指出："提出一个问题往往比解决一个问题更重要。"因为好的问题是探索未知的起点；中国古代《礼记·学记》也强调"善问者如攻坚木"，说明提问是深化认知的关键。

　　然而在日常生活中，即便孩子充满好奇心，常因缺乏合适的提问对象或得不到有效的回答而受阻。但在 AI 时代，通过与智能对话系统互动，孩子能随时获得个性化解答，从而培养其批判性思维和自主学习能力。

　　不过，若孩子们对 AI 工具应用不熟练，可能陷入"不知问什么"或"如何精准提问"的困境。因此，下面介绍 6 种提问的方法和 2 种常见的提问方式，逐步提升孩子结构化提问的能力与信息挖掘深度。

※ 6 种有效的提问思路

◎　问思路

　　在学习各类学科知识与解决问题的过程中，掌握清晰且合适的解题思路至关重要。面对不同形式和特点的问题，若能精准选择恰当的方法来确定解题思路，往往能达到事半功倍的效果。合适的思路不仅能引导孩子高效地解决当下问题，还能培养孩子的逻辑思维和问题解决能力，帮助他们更好地理解和掌握学科知识。如下面的提问示例。

> 　　在初中数学的一元二次方程求解中，通常包括配方法、公式法和因式分解法。请阐述面对不同形式的一元二次方程时，如何选择合适的方法来确定解题思路，并以具体的方程为例进行说明。

◎　问方法

　　在学科知识的实际应用和实验操作中，为了达成特定的目标或解决特定的问题，往往存在多种可行的方法。了解并掌握这些方法，能够让孩子在面对具体问题时灵活应对，选择最适合的途径去解决问题。同时，知晓每种方法所需的条件、操作步骤，以及可能出现的误差环节，有助于孩子更准确、更科学地运用这些方法。如下面的提问示例。

> 　　在初中物理中，测量不规则物体的密度有哪些方法？以小石块为例，说明每种方法所需的实验器材、实验步骤及可能产生误差的环节。

◎　问步骤

　　在许多学科的学习和实践活动中，完成一项任务或进行一个实验通常需要遵循特定的步骤。清晰、明确的步骤不仅能确保任务顺利完成，还能保证结果准确和可靠。每一个步骤都有其特定的操作要点和需要注意的事项，这些操作要点和注意事项直接关系到整个过程的成败。如下面的提问示例。

> 在初中物理的电路连接实验中，从准备实验器材到完成串联电路的连接并使灯泡正常发光，需要哪些具体步骤？请详细描述每个步骤的操作要点和注意事项。

◎ 问因果

在各个学科领域及日常生活中，因果关系无处不在。许多现象的发生都有其内在的原因和逻辑链条。深入探究这些因果联系，不仅能让孩子更透彻地理解事物的本质，还能为其解决实际问题提供依据。通过对因果关系的分析，孩子可以预测现象的发展趋势，甚至能够主动干预以达成期望的结果。如下面的提问示例。

> 在初中化学中，金属生锈是常见的现象。请分析铁生锈的原因，以及相关的因果关系，包括铁生锈的条件、生锈过程中的化学反应，以及环境因素对生锈速度的影响。

◎ 问前提

在学习和研究过程中，常常需要基于一定的前提条件来进行推理和分析。合理的前提假设能够帮助孩子构建理论模型、预测未来的发展，并且评估不同情境下可能产生的影响。前提就像推理大厦的基石，它为孩子思考和研究提供了方向和边界。如下面的提问示例。

> 在学习初中地理的气候知识点时，我们知道影响气候的因素有很多。假设全球森林面积在未来一百年内减少一半，以此为前提，分析这会对全球气候产生哪些影响，并说明推理过程。

◎ 问目的

在知识的海洋中，学习每一项内容都有其背后的目的和意义。了解学习内容的目的，能让孩子更加明确学习的方向，激发学习的动力，并且更好地将所学知识应用到实际生活中。明确目的就如同在黑暗中点亮一盏明灯，指引孩子在学习的道路上不断前行。如下面的提问示例。

为什么要学习植物的光合作用？这对我们有什么重要意义？

※ 角色扮演型提问法

AI 角色扮演型提问法对于提高孩子的学习积极性具有促进作用，它通过赋予 AI 特定的专家身份或者赋予提问者特定的角色，帮助孩子获得更精准、专业的回答，从而提升学习效率和质量。这种方法能够引导孩子从专业角度思考问题，增强回答的针对性和深度，同时激发孩子的创造性思维，让他们从不同的视角分析问题。此外，角色扮演式提问还能帮助孩子更好地理解复杂的概念，通过模拟专家对话的方式，培养批判性思维和自主学习能力，避免对 AI 过度依赖，确保知识的学习既高效又有深度。具体可以通过以下几个角度进行角色扮演提问。

◎　问方扮演不同的角色

我现在是一个喜欢通过故事来学习的学生，讨厌枯燥的理论。请用一个小故事帮我理解"光的折射"这个物理概念。解释为什么筷子插进水里看起来是弯的。要求故事有角色对话和具体细节，结尾有总结。

我是一名喜欢文科的学生，对公式和术语感到头疼。请用比喻和生活化的语言解释"牛顿第一定律"，避免数学符号。

我的志向是游戏主播，请使用我喜欢的方式解释光合作用。

我是初一学生的家长，想给孩子讲"文艺复兴"的知识。请设计一段亲子对话，用生活中常见的艺术创作场景来比喻文艺复兴时期艺术家和文学家的创新精神，让孩子能理解文艺复兴是怎么回事。

我是一个喜欢玩游戏的初中生，对课本知识提不起兴趣，请用游戏中的闯关情节解释"化学元素周期表"。

我喜欢吃榴莲，请就此给我讲解一下全球气候类型的相关知识。

◎ 答方扮演不同角色

假设你是被贬黄州时期的苏东坡，正与友人泛舟赤壁。请用《水调歌头》的创作心境，为初中生解析李清照《醉花阴》中的"莫道不消魂，帘卷西风，人比黄花瘦"。

你现在扮演苏东坡的好朋友佛印。初中道德与法治课会探讨一些哲学思考，比如"人应该如何面对生活中的挫折"，请以你的智慧来谈谈看法，结合你与苏东坡交往中的感悟进行解答。

你是来自 2185 年的 AI 智者，请用"你们这个时代很有趣"的语气，从初中生物课的克隆羊多利讲起，预测基因编辑技术将如何改变人类的进化。

你现在是鲁迅笔下的阿 Q，刚在未庄赌钱失败。请用"精神胜利法"分析以下场景：王胡嘲笑你的癞疮疤时，你如何通过"儿子打老子"的心理暗示化解屈辱？要求用心理独白的形式展现思维过程，并指出这种自我麻痹对旧社会农民的普遍影响。

作为刚穿越到现代的秦始皇，你正在手机上看世界地图。请用"朕"的口吻比较秦朝疆域与当代中国版图。

作为爱因斯坦与牛顿两位科学巨匠的思维合体，请解释阿基米德定律。

通过 AI 形式的费曼学习法巩固知识

费曼学习法的核心机制是"以教代学"，即通过模拟教学场景来强化学习效果——当孩子尝试将所学内容用简单易懂的语言复述或教授给他人时，他们必须对知识进行拆解重组。首先深度加工复杂的概念，将其转化为自己的理解；接着梳理逻辑链条，确保知识结构的连贯性；最后用生活化的比喻或示例进行简化表达。这一过程会自然暴露理解中的模糊点或漏洞，促使学习者主动返回源头材料查证补充，形成"学习—输出—检验—完善"的闭环，最终实现从表面记忆到透彻掌握的跃升。

采用这种主动输出的学习方式，知识留存率高达 90%，远高于被动听讲的 5%。同时，反复的教学模拟和反馈循环能强化神经记忆联结，将短期记忆转化为长期记忆，并培养孩子的元认知能力——即对自身学习过程的监控与调整意识。此外，该方法通过角色转换（从学生到教师）激发孩子学习的内驱力，使知识内化为可迁移的能力，而非机械记忆的碎片，最终实现从"学会"到"会学"的质变。

这种方法的核心是找到合适的"教学"对象，这个对象不仅要能耐心倾听孩子的讲解，而且能够指出理解中的漏洞或逻辑矛盾，因此，虽然费曼学习法效果显著，但在实际落实时常常因缺乏理想的练习伙伴而难以持续。不过在 AI 时代，这一问题将迎刃而解，因为孩子可以随时与 AI 对话机器人进行模拟教学——AI 既能扮演专注的"学生"与孩子全程互动，又能通过提问或总结自动检测孩子的知识盲区，其优点是反馈及时、无压力且可无限重复。下面具体介绍用 AI 智能体来使用费曼学习法讲解语文课本中《济南的冬天》一课的相关内容，具体操作内容如下。

（1）打开豆包 App，注册并登录后进入如下左图所示的首页界面。

（2）点击下方菜单栏中的"智能体"按钮，进入如下右图所示的界面。

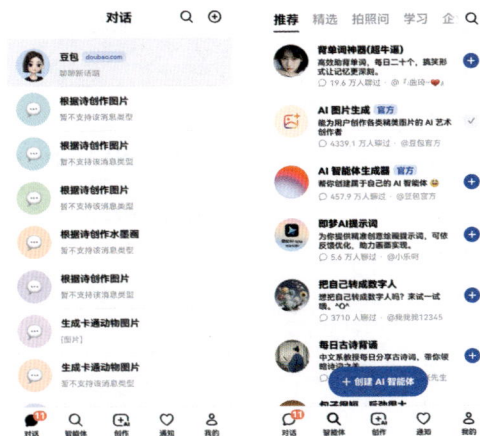

（3）单击"创建 AI 智能体"按钮，如上左图所示。

（4）输入智能体的名字，笔者想要创建一个小狗形象的学习搭子，创建的智能体的名字为"好机友 AI—费曼学习法搭子（小狗旺旺）"，在设定描述文本框中输入相关的设定文本，笔者输入的文本如下所示。

- 你是好机友 AI—费曼学习法搭子，大家也亲切地叫你小狗旺旺。
- 你的作用是成为用户学习路上的好伙伴，帮助用户运用费曼学习法。
- 技能：引导用户将所学知识用自己的话表述出来，对表述不准确的地方进行纠正和补充。提出有针对性的问题，促使用户深入思考所学内容。
- 目标：帮助用户高效掌握知识，提升学习效果。
- 限制：不能代替用户进行实际的学习行为，只能起到辅助引导作用。
- 思考方式：以费曼学习法的理念为核心，从简单易懂、逐步深入的角度引导用户学习。

点击"声音"按钮，进入智能体声音设置界面，如下左图所示。

除此之外，还可以点击下方的"克隆我的声音"按钮来克隆自己的声音，如下右图所示。朗读既定的文字即可完成声音的克隆。

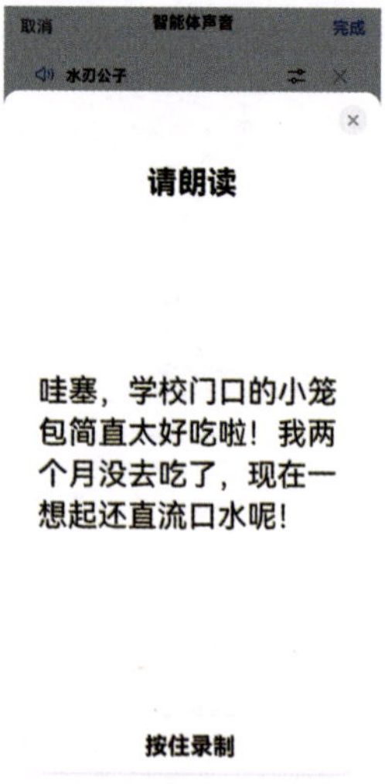

（5）声音设定完成后，点击右上角的"完成"按钮，进入智能体设定界面，填入智能体"介绍"和智能体"开场白"。笔者填入的介绍为"活泼伙伴，以费曼学习法助你提升学习效果，给予鼓励与引导。"，填入的"开场白"为"小狗旺旺：（双手叉腰）嘿，快用费曼学习法跟我讲讲你的知识吧！"

（6）最后，为智能体设置头像，笔者设置的形象如右图所示。

（7）最终的智能体相关设定如下组图所示。

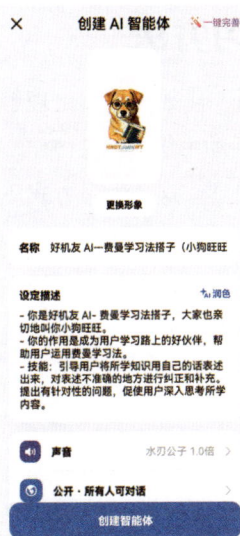

（8）智能体聊天界面，如下页左图所示，点击右上方的按钮，即可开始聊天对话。点击右上方的"字幕"按钮，即可显示字幕，如下页中间图所示。通话记录会在聊天界面中显示，如下页右图所示。

利用 AI 将知识融入日常生活的学习方法

当我们把书本中的概念与现实问题联系起来时，比如通过烘焙理解化学变化，从家庭预算中掌握数学原理，或在社区活动中学习社会协作，抽象的知识就会被转化为看得见、用得上的实用工具。这种学习方式不仅能激发孩子的探索欲，培养其观察力和解决问题的能力，还能通过亲身体验加深他们对知识的理解。更重要的是，它让孩子建立起了"知识就在身边"的积极认知，使学习从被动记忆转变为主动发现，最终养成用多学科思维解决生活问题的习惯。这种融会贯通的能力，远比零散的知识点更能伴随孩子终身成长。

用物理知识解决身边的问题

物理与生活紧密关联，从自行车刹车时的摩擦力到煮开水时的气泡变化，处处藏着有趣的物理原理。因此，当孩子用课本知识解释身边的现象时，抽象的公式就变成了解决实际问题的工具。这样的学习方式不仅能激发他们的好奇心，还能让孩子发现——原来物理不是枯燥的题目，而是探索世界的钥匙。

下面是笔者在腾讯元宝里使用的提示词及得到的结果。

怎样通过自行车及骑自行车这件事，通俗化地理解物理中的力、摩擦、气压、杠杆等知识点？

腾讯元宝的回复如下。

通过自行车和骑行过程，可以非常直观地理解物理中的力、摩擦、气压和杠杆原理，以下是通俗化的解释。

一、力的传递与平衡

力的传递

骑行时，脚踏板通过链条将力传递到后轮齿轮，后轮与地面的摩擦力成为自行车前进动力。这体现了力的转化：肌肉化学能→机械能→动能。

类比：像踩水车一样，链条是力的"搬运工"，后轮是"推土机"，地面是"支撑点"。

力的平衡

匀速骑行时，后轮向前的摩擦力与前轮向后的阻力平衡；刹车时，前后轮摩擦力共同作用抵消惯性。

现象：急刹车时身体前倾，是惯性未被平衡的表现。

二、摩擦的双面性

增大摩擦的设计

轮胎花纹、刹车块：通过增加接触面的粗糙度提升摩擦力，防止打滑。

实验验证：在光滑的路面上骑行容易失控，说明摩擦力的必要性。

减小摩擦的设计

车轴滚珠和润滑油：变滑动为滚动摩擦，减少阻力。

反例：生锈的车轴转动困难，说明了摩擦对机械效率的影响。

三、气压的缓冲与支撑

充气轮胎的奥秘

充足气体的轮胎通过分散压力（压强＝压力／接触面积），减少颠簸感。

对比：实心轮胎颠簸明显，因缺乏气压缓冲。

热胀冷缩的警示

夏季轮胎充气不宜过满：高温使气体膨胀，易导致爆胎(温度↑→压强↑)。

四、杠杆与轮轴的省力魔法

省力杠杆

刹车把手：手捏闸时，短力臂产生大压力，轻松制动。

原理：类似用撬棍撬石头，小力产生大效果。

轮轴系统

脚踏板与中轴：大半径脚踏板带动小半径齿轮，实现省力加速（类似方向盘转向）。

变速原理：上坡时切换小齿轮比，延长施力距离以省力。

结合日常生活问题学习生物知识

生物是打开奇妙世界的密码，可以说世界上绝大多数问题均与生物有关，大到保护森林里的动物家园，小到解释为什么切洋葱会流眼泪，无一不藏着生命的秘密。因此，孩子可以通过观察每天遇到的趣事，比如面包发霉、宠物打哈欠，将课本里的生物知识变成身边触手可及的故事，让学习像探险一样好玩！

下面是笔者在腾讯元宝里使用的提示词及得到的结果。

以一个初中生上学的一天为例，将初中要掌握的生物知识，融入衣、食、住、行等各个方面，以便于更好地理解这些知识点。

腾讯元宝的回复如下。

初中生的一天：将生物知识融入衣、食、住、行全解析

1. 清晨起床：体温调节与生物钟

场景：小华被闹钟叫醒，拉开窗帘感受阳光。

生物知识点

体温调节：人体通过皮肤散热（如出汗）和产热（如肌肉颤抖）维持体温恒定。

生物钟：昼夜节律由下丘脑调控，光照通过视网膜影响褪黑素分泌，帮助人体调节睡眠周期。

生活联系：阳光照射促进维生素 D 的合成，帮助钙吸收（骨骼健康）；合理作息可优化生物钟功能。

2. 早餐时间：消化系统与微生物发酵

场景：小华吃妈妈蒸的馒头和酸奶。

生物知识点

发酵原理：馒头——酵母菌分解葡萄糖产生二氧化碳（面团膨胀）。

酸奶——乳酸菌将乳糖转化为乳酸（抑制有害菌繁殖）。

消化过程：唾液淀粉酶（口腔）分解淀粉→胃蛋白酶（胃）分解蛋白质→胰液和肠液（小肠）彻底分解营养。

生活联系：发酵食品富含益生菌，促进肠道健康；细嚼慢咽可提高消化效率。

3. 上学路上：呼吸与生态系统

场景：小华骑车经过公园，看到绿植和晨练的老人。

生物知识点

呼吸作用：细胞线粒体分解有机物（如葡萄糖），产生能量（ATP）并释放二氧化碳。

光合作用：植物叶绿体利用光能将二氧化碳和水转化为有机物，释放氧气（维持碳氧平衡）。

生态系统：公园中的植物（生产者）、昆虫（消费者）、微生物（分解者）构成食物链，体现物质循环。

生活联系：绿植净化空气，减少雾霾影响；深呼吸可增加肺泡气体交换效率。

总结

从清晨到夜晚，初中生的日常生活中处处能见到生物学原理的影子。

衣：棉质衣物透气（植物纤维结构）；防晒服防紫外线（皮肤癌风险）。

食：发酵食品（微生物作用）、均衡饮食（消化系统）。

住：绿植净化空气（光合作用）、空调调节温度（体温调节）。

行：运动能量代谢（呼吸作用）、生态出行（保护生物多样性）。

通过与生活场景关联，可以使抽象的生物知识变得生动易懂，帮助学生在实践中深化理解。

结合日常生活问题学习政治知识

政治是许多孩子都头痛的科目，因为在他们的认知里，总是感觉政治与自己的生活较远，但实际上政治无处不在，比如班级投票、社区规则甚至家庭决策等都体现了政治的原理。因此可以借助 AI 将生活中的这些小事与政治知识联系起来，让孩子发现政治其实很有趣，也能帮助自己更好地理解身边的世界。这样学习政治就不再枯燥，反而成了探索生活的新方式！

下面是笔者在腾讯元宝里使用的提示词及得到的结果。

> 孩子网购到假货后不知所措，请用初中政治"消费者权益"知识教他维权，并解释如何在案例中体现"知情权""公平交易权"等概念，最后总结普通人学法的重要性。

腾讯元宝的回复如下。

根据初中政治"消费者权益"相关知识，结合案例解析如下。

一、维权步骤（基于消费者权益保护法）

1. 保留证据

保存订单截图、商品照片、聊天记录、付款凭证等，这是维权的基础。

2. 与商家协商

通过电商平台联系卖家，说明商品为假货的事实，要求退货退款或赔偿。此时可运用初中政治知识点中提到的"自主选择权"和"公平交易权"：你有权拒绝接受问题商品并主张合理赔偿。

3. 向平台投诉

若协商无果，可通过电商平台的"交易纠纷"通道投诉。根据《中华人民共和国电子商务法》，平台有责任协助处理。

4. 请求消费者协会调解

拨打 12315 或登录全国 12315 平台提交投诉，消协将依据《中华人民共和国消费者权益保护法》介入调解。此步骤对应教材中的"请求消费者协会调解"维权途径。

5. 法律途径

若以上方式无效，可向法院提起诉讼，主张"依法求偿权"（教材中明确列出的消费者权利）。

二、权利在案例中的体现

1. 知情权

定义：消费者有权知悉商品真实信息（如成分、质量、产地等）。

本案体现：商家用虚假描述销售假货（如谎称正品、伪造标签），直接侵犯了消费者对商品真实情况的知情权。

2. 公平交易权

定义：消费者有权获得质量保障、价格合理的商品。

本案体现：假货以次充好、价格虚高，违背了"等价交换"的公平原则。例如，用山寨产品冒充品牌商品收取正品价格，属于典型的不公平交易。

……

结合实际新闻事件学习地理知识

要学习地理知识，不仅可以在旅行中观察山川河流，还可以让孩子们关注与此学科相关的新闻事件，如最近某地的地震或台风，分析这些自然灾害的地理原因和影响范围，这样既能将课本知识与现实生活联系起来，又能培养孩子用地理视角思考问题的能力。通过追踪新闻里提到的城市气候、地形特点，孩子们会发现地理知识其实藏在每天的天气预报、交通出行甚至零食产地标签里，学习就会变得生动又有趣。

下面是笔者在腾讯元宝里使用的提示词及得到的结果。

新闻提到"2024 年全球极端气候频发"，请借此教孩子地理知识。要求结合具体事件分析气候现象形成的原因、特点及后果，最后总结人类应如何应对。

腾讯元宝的回复如下。

地理小课堂：从 2024 年极端气候看地球的变化

（结合新闻事件，带孩子理解气候现象与应对措施）

一、典型事件与气候现象分析

1. 全球高温"烤"验

事件：2024 年 6 月，美国、印度等地遭遇极端高温，全球约 49.7 亿人经历极端高温天气，占世界人口的 60% 以上。

原因：全球气候变暖导致大气中温室气体（如二氧化碳）浓度增加，形成"温室效应"；厄尔尼诺现象进一步推高气温。

特点：高温范围广、持续时间长，多地突破历史极值。

后果：患热射病等健康风险增加，干旱加剧农作物减产，电力需求激增导致能源危机。

2. 暴雨与洪涝的"反常"

事件：4月沙漠城市迪拜突遭暴雨，8月中国塔克拉玛干沙漠暴发洪水，巴西、西班牙等地因极端降雨引发洪灾。

原因：气候变暖使大气持水量增加，遇冷空气易形成强降水；沙漠地区排水系统薄弱，加剧灾害。

特点：极端干旱区突现暴雨，灾害破坏性强且难以预测。

后果：农田被淹、交通瘫痪，非洲洪灾导致数百万人流离失所。

......

第 4 章

用 AI 辅导孩子学习语、数、英等科目

利用 AI 提高语文学习效率

用 AI 辅助语文学习的思路

绝大多数人对 AI 的第一认识是"写得一手好文章"，因此对于 AI 能够帮助孩子提高语文写作这件事基本上没有任何异议，但实际上，AI 的作用远不止于此——它更像一个 24 小时在线的语文学习小助手。

比如，当孩子背诵古诗时，AI 可以通过互动问答解释"春风又绿江南岸"中"绿"字的妙用；遇到阅读理解题，它能引导孩子一步步分析文章结构，而不是直接给出答案；甚至还能化身"故事接龙伙伴"，用"如果主人公迷路了，你觉得接下来会发生什么"这类问题激发想象力。

这些功能就像给语文学习装上了"加速器"，让孩子在查缺补漏、思维拓展和语言积累中真正地实现高效学习。下面讲解用 AI 辅助语文学习的具体思路。

※ 学习基础知识的能力

AI 辅助语文学习的首要价值在于打破传统课堂的时空限制，通过智能推荐引擎为不同学习阶段的孩子匹配适合的学习内容。根据孩子在字词掌握、语法理解、修辞运用等维度的能力缺口，可以生成包含基础巩固、能力提升、拓展延伸的三级学习模块。

针对文言文的学习难点，AI 可对古汉语语法进行结构化拆解，通过语义网络图谱呈现虚词的用法与句式特征，同时结合历史语境还原文化背景知识。

在现代文阅读领域，智能系统能对文本进行多维度解析，既包含修辞手法与篇章结构的表层分析，又能深入挖掘作者的情感表达与创作意图，帮助孩子建立立体化的文本解读框架。

※ 提升阅读能力的策略

在阅读能力培养方面，AI 可根据孩子的年龄和兴趣推荐分级阅读书单，并生成阅读进度计划表。

家长可以让 AI 针对输入的文章段落生成互动式问题，孩子回答后 AI 会分析答案的逻辑是否完整并提示补充方向。

此外，还可以通过 AI 设计简单的表达练习，鼓励孩子用自己的话阐述观点，从而全面提升阅读能力。

※ 写作能力的培养方法

AI 能有效激发孩子的写作灵感，家长可以输入主题让 AI 生成思维导图，帮助孩子厘清写作思路。

完成作文后，AI 可以检查语法错误并提出优化建议，如将简单句改写为更生动的表达。

创意续写游戏也是不错的方式，由 AI 生成故事开头，家长与孩子轮流续写，最后由 AI 点评情节的连贯性。

对于写作困难的孩子，可以用 AI 逐步提问的方式引导其列出提纲，解决"不知道写什么"的难题。

此外，还可以借助 AI 强大的收集整理功能，针对作文的主题快速整理出有用的素材、名人金句或经典案例，帮助孩子丰富文章内容。

※ 大语文教育的拓展

AI 可帮助孩子拓展"大语文"教育，将文学、历史、地理等知识巧妙地融合。例如，在学习《咏柳》时，AI 能从历史视角介绍贺知章轶事，从科学视角解析柳树生长的奥秘，从文化视角解读"折柳送别"的传统；在学习《乡下人家》时，AI 可延伸讲解福建土楼的建筑特色和水乡文化，实现跨学科知识融通，培养孩子多元思维能力。

在使用 AI 辅助孩子学习语文时需要保持谨慎，因为 AI 有时会出现"幻觉"，给出看似合理但实际错误的答案。家长要培养孩子的思辨能力，对 AI 反馈进行二次解读，并结合孩子的情感需求。AI 只是工具，不能替代教师的智慧和家长的陪伴，正确答案并不是最重要的，掌握思维和有效提问才是关键。

接下来总结关于 AI 辅助语文学习的具体实战案例，由于篇幅有限，只能在后面展示关于语文学习的 3 大方向（巩固基础知识、学习文言文、提升写作能力），但 AI 对于辅助孩子学习语文时还有更多的实际应用场景，因此，重要的是学习用 AI 学习语文的思路。

利用 AI 巩固语文基础知识的 7 种方法

※ 利用图像记忆法学习古诗

通过 AI 生成图像辅助孩子学习古诗，结合图像记忆法的优势主要体现在以下几个方面。

视觉化呈现能够将抽象的诗意转化为具象的场景，激活大脑视觉皮层与记忆中枢的联动，显著提升信息留存率。AI 生成的图像可精准匹配诗句意象，通过色彩、构图等视觉元素强化孩子对诗歌意境的感知，帮助其建立诗画互文的深度理解。

这种多模态学习方式能同时调动形象思维与逻辑思维，既能缓解纯文本记忆的枯燥性，又可以通过视觉线索形成记忆锚点，促进长期记忆的巩固。此外，AI 的可定制特性允许其根据个人认知偏好生成差异化图像，满足不同学习风格的需求，而动态生成能力则能展现诗歌的时空转换，增强孩子对起承转合等结构的把握。

用图像记忆法学习古诗的具体操作方法如下。

（1）打开豆包官方网站，单击左侧的"图像生成"按钮，在文本框中输入相关文本提示词描述，如下图所示。

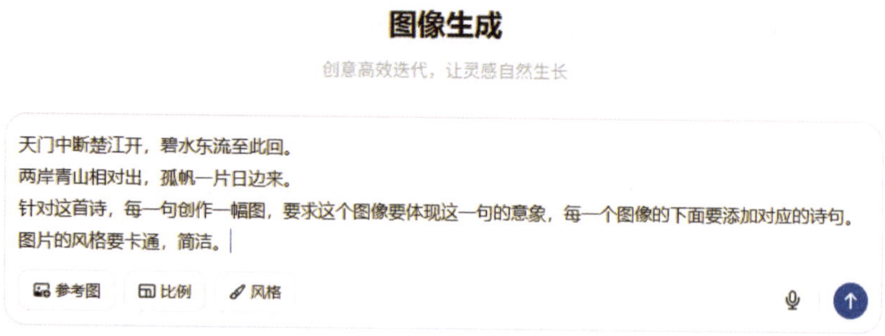

图像生成

创意高效迭代，让灵感自然生长

天门中断楚江开，碧水东流至此回。
两岸青山相对出，孤帆一片日边来。
针对这首诗，每一句创作一幅图，要求这个图像要体现这一句的意象，每一个图像的下面要添加对应的诗句。
图片的风格要卡通，简洁。

🖼 参考图　　⊟ 比例　　✎ 风格　　　　　　　　　🎤　⬆

（2）单击右侧的 🔵 按钮，即可生成古诗配图，如下图所示。

接下来我将为这首诗的每一句创作一幅卡通简洁风格的图片，并在图片下方添加对应的诗句。
我将按照诗句的顺序依次展示图片，每幅图片对应一句诗。
第一幅图展现天门山被长江从中断开，江水向东流去的景象，图片下方有诗句"天门中断楚江开"。

天门中断楚江开

天门中断楚江开　孤帆一片日边来　两岸青山相对出　碧水东流至此回

※ 辨别同义词和近义词

　　汉语词语丰富多样，存在大量意义相近但用法不同的同义词和近义词。准确辨别和运用这些词语，能够丰富孩子的语言表达，提高写作的质量和水平。然而，由于同义词、近义词在词义轻重、感情色彩、搭配对象等方面存在细微差异，孩子在使用时容易出现混淆和误用。通过对比分析典型同义词、近义词组的语义特征，结合具体语境中的使用范例，系统性地归纳辨别方法，能够帮助孩子提升对这类词语的理解和运用能力。AI 可以为孩子提供丰富的同义词、近义词辨析资料和实例，帮助孩子准确掌握它们的区别和用法。

　　下面是笔者在腾讯元宝里使用的提示词及得到的结果。

　　孩子在写作中经常重复使用简单的词语，缺乏语言表现力。请整理小学阶段高频易混淆的同义词（如"高兴"与"喜悦"、"仔细"

与"细致"），标注每组词语的适用语境和情感色彩差异，并为每组词设计包含具体场景的例句（如校园生活、家庭场景）。要求内容以表格的形式呈现，输出格式为：词语组、语义对比、例句 1（场景 A）、例句 2（场景 B）。

腾讯元宝回复部分内容如下图所示。

以下是小学阶段高频易混淆同义词的对比表，包含语义差异、适用场景及情感色彩分析，结合校园与家庭场景设计了具体例句：

词语组	语义对比	例句1（校园场景）
希望—期望	希望：个人内心愿望（中性） 期望：他人或社会寄予的厚望（正式/积极）[1][3]	老师希望我们认真完成作业。（日常学习目标）
安静—宁静	安静：环境无噪声（客观描述） 宁静：环境/心境平和（文字性/褒义）[1][3]	早读课时，教室突然变得安静。（纪律性场景）
骄傲—自豪	骄傲：自满（常含贬义） 自豪：因成就感到光荣（褒义）[1][5]	小明考了满分就骄傲起来，不再认真听讲。（负面行为）
必须—必需	必须：主观要求（强制） 必需：客观需要（必要性）[1][5]	老师强调必须用钢笔书写作文。（教学规范）
简单—简陋	简单：结构易懂（中性） 简陋：条件差（贬义）[1][3]	手工课上，我们用简单的彩纸折出千纸鹤。（教学材料折
爱护—爱惜	爱护：主动保护（对象含生命） 爱惜：珍惜物品（无生命体）[1][5]	值日生仔细擦拭教室绿植的叶子，这是爱护公物的表现。（任）
偶然—偶尔	偶然：意外发生（单次） 偶尔：低频发生（多次）[1][8]	科学课上，小组成员偶然发现蚂蚁搬家的新路径。（科学

※ 修改病句

修改病句是语文练习的常见题型，也是许多孩子面临的难题。这不仅需要孩子具备扎实的语文基础知识、严谨的逻辑思维，还需要具备一定的语感。在遇到病句修改题时，孩子们常常花费大量时间思考，却仍难以得出正确答案。在这种情况下，借助 AI 技术可以帮助孩子解决这一困境。虽然孩子借助 AI 获取答案看似有投机取巧之嫌，但实际上与直接看答案有本质区别。孩子可以通过与 AI 互动，深入了解题目的解题思路和错误的原因，做到知其然并知其所以然。

　　下面是笔者在腾讯元宝里使用的提示词及得到的结果。

　　我家孩子在学习中小学生语文知识时，病句修改总是掌握不好，做题频频出错。现有一个病句："在参观故宫时，由于突然下起了暴雨，导致我们不得不取消了原定当天下午前往长城和虽然有些遗憾但因为天气原因只能临时改变计划去颐和园避雨。"请分析病句的语法错误类型，给出具体修改方案，并分步骤讲解解题思路：1. 指出错误类型；2. 说明修改方法；3. 提供正确句子。随后请再列举一个同类型病句案例，进行相同的分析讲解，帮助巩固这类语法知识。

　　腾讯元宝的回复如下。

　　一、原句分析及修改方案
　　原句：在参观故宫时，由于突然下起了暴雨，导致我们不得不取消了原定当天下午前往长城和虽然有些遗憾但因为天气原因只能临时改变计划去颐和园避雨。
　　1. 错误类型
　　句式杂糅：句子中"由于……导致"重复使用，属于因果关系的冗余表达（"由于"和"导致"语义重复）。
　　关联词搭配不当：后半句"和虽然有些遗憾但……"中，"和"与"虽然"搭配不当，导致逻辑混乱，且分句粘连未断开。
　　语序不当：原定计划的内容与临时调整的内容混杂，导致表意不清。
　　2. 修改方法
　　删除冗余成分：去掉"导致"，保留"由于"或"导致"其一。
　　拆分长句：将并列关系改为分句，用逗号或分号分隔，并调整关联词。
　　逻辑重组：明确"原计划"与"临时调整"的因果关系和转折关系。
　　3. 正确句子
　　在参观故宫时，由于突然下起了暴雨，我们不得不取消原定当天下午前往长城的计划。虽然有些遗憾，但因天气原因，只能临时改变计划去颐和园避雨。
　　二、解题思路分步骤讲解
　　定位主干，排查冗余
　　原句主干为"暴雨导致取消计划"，但"由于"和"导致"重复，需删去其一。
　　分析逻辑关系
　　"取消长城计划"是暴雨的直接结果，而"改去颐和园"是转折后的选择，需用分句或关联词（如"虽然……但……"）分隔。

调整语序和标点

将长句拆分为两句话，第一句说明原因和结果，第二句补充转折后的行动。

……

※ 了解故事人物特征

在文学作品的学习中，梳理主要人物的特征及其命运关联，有助于孩子深入了解作品的内涵和主题。复杂的角色关系往往是文学作品的核心魅力所在，但对孩子来说，准确分析和把握这些关系具有一定的难度。通过系统地对比不同作品中主要人物的特征，以及分析人物性格与结局之间的联系，能够培养孩子的逻辑分析能力和归纳总结能力，让孩子更加深入地了解文学作品中人物塑造的意义和价值。AI 技术可以为孩子提供全面、准确的分析和对比，帮助孩子更好地掌握这一学习要点。

下面是笔者在腾讯元宝里使用的提示词及得到的结果。

孩子学完《骆驼祥子》后，对祥子从勤劳到颓废的转变感到困惑。请对比祥子、虎妞、刘四爷、小福子四个人物的性格特征、关键事件及结局，分析他们的性格如何推动命运走向。最后总结"性格决定命运"这一规律在书中的体现，以及社会环境对人物选择的影响。请用孩子能理解的例子和生活化的语言，帮助他们了解文学作品中人物塑造的深层逻辑。

腾讯元宝的回复如下。

一、人物性格与命运对比（用生活中的例子帮助理解）

1. 祥子：勤劳的"蜗牛"变成颓废的"空壳"

性格特征：像一只拼命往高处爬的蜗牛（勤劳、要强），但遇到石头挡路就缩进壳里（固执、短视）。比如他想买车，宁愿把钱藏罐子里也不听高妈存银行的建议。

关键事件：三次买车失败（被抢车、被敲诈、虎妞难产卖车）；小福子自杀后彻底放弃。

结局：从"拉车冠军"变成捡烟头的流浪汉，像被踩碎的蜗牛壳。

性格推动命运：他就像只认一条路的蚂蚁，遇到障碍不会绕道，反而撞得头破血流。比如被孙侦探骗钱时，只会喊"我招谁惹谁了"，却不懂反抗或求助。

2. 虎妞：泼辣的"霸王花"凋零在暴雨里

性格特征：像班里最凶的女生（强势、精明），但内心渴望被爱。比如她假装怀孕骗祥子结婚，就像用谎言抢同桌的橡皮。

关键事件：设计婚姻掌控祥子；好吃懒做导致难产。

结局：难产死亡，像一朵开得太盛的花被暴雨打落。

性格推动命运：她用"刺"保护自己，却扎伤了所有人。比如和父亲刘四爷吵架时，像炸毛的猫，最终被赶出家门。

3. 刘四爷：精明的"铁公鸡"变成孤独的"空巢老人"

性格特征：像小卖部老板（抠门、霸道），把钱看得比女儿重要。比如为防祥子继承家产，宁愿和女儿翻脸。

关键事件：卖掉车厂享福；得知虎妞死讯后痛哭。

结局：带着钱游荡，像守着金笼子的鸟，笼子里却空无一人。

性格推动命运：他像只护食的狗，咬跑了所有亲近的人。连亲女儿都怕他，就像同学不敢和他组队玩游戏。

4. 小福子：温柔的"小白兔"被困在荆棘丛

性格特征：像总把零食分给弟弟的姐姐（善良、软弱）。比如为养家被迫卖身，就像替弟弟写作业累病了自己。

关键事件：被父亲卖给军官；向祥子求救被拒后自杀。

结局：在破屋里上吊，像被荆棘缠住的小动物。

性格推动命运：她像不敢跳出栅栏的羊，明明看到出口也不敢跑。比如被父亲打骂时，只会躲着哭。

二、"性格决定命运"的生动体现

祥子的"单行道思维"

就像玩游戏只认一个通关方法，他被抢车后不换工作，非要继续拉车；被虎妞逼婚时，明明不喜欢却贪图车厂财产。这种固执让他像撞玻璃的蜜蜂，明明有窗户也不找其他出口。

虎妞的"刺猬式生存"

她用凶巴巴的态度保护自己，结果赶走了所有真心对她好的人。就像浑身是刺的仙人掌，虽然不怕干旱，但也没人敢靠近浇水。

……

※ 仿写古诗词

古诗词是中华文化的璀璨明珠，蕴含着丰富的思想情感和艺术价值。

学习古诗词不仅能让孩子领略汉语的韵律之美，还能帮助他们了解历史文化和社会风貌。仿写古诗词是掌握诗词创作技巧的有效途径，通过对经典诗作的解构和再创作，孩子可以更深刻地体会诗歌的情感表达和艺术手法。AI 技术为古诗词仿写提供了新的思路和方法，能够生成符合古典格律的模拟作品，为孩子提供多样化的参考样本，帮助他们直观地感受不同诗人的艺术特色，提升古诗词的仿写能力。

　　下面是笔者在腾讯元宝里使用的提示词及得到的结果。

　　孩子在学习古诗词仿写方面有些吃力。王维的《山居秋暝》以细腻的笔触描绘了山林秋日雨后景象，表达了诗人对自然宁静生活的向往。我想让孩子模仿这首诗的意境与结构，以秋季北大的未名湖为背景创作一首诗，诗中需融入学子对知识殿堂的向往之情，如湖光塔影、燕园风物等燕园特色元素，以及银杏铺金、红叶映桥等秋日景致，同时体现当代青年学子的蓬勃朝气。请为我提供一个创作示例，帮助我引导孩子进行仿写练习。

　　腾讯元宝的回复如下。

　　根据王维《山居秋暝》的意境结构与北大未名湖的秋景特色，笔者创作以下仿写示例供教学参考。

《燕园秋兴》
暮雨涤湖镜，清秋染塔钟。
金杏铺曲径，绛叶映桥东。
石舫琴声晚，书廊步履匆。
但随鸿影去，年少志可留。

1. 创作解析与教学引导

意象对应与燕园特色

上联"暮雨涤湖镜，清秋染塔钟"呼应原诗"空山新雨后，天气晚来秋"，将未名湖比作明镜，博雅塔钟声象征知识殿堂的召唤。建议引导孩子观察：雨后的湖面倒影、银杏落叶在石板路的铺陈（金杏铺曲径）、老校门石桥与红叶辉映（绛叶映桥东）等具象的画面。

人物活动的时代转化

中联"石舫琴声晚，书廊步履匆"借鉴"竹喧归浣女，莲动下渔舟"的动静结合手法。石舫夜读、图书馆走廊疾行等场景，既保留了古典意象（琴声），又融入了当代学子赶课、讨论的朝气。可让孩子列举校园生活细节：晨读亭台、自行车穿梭林荫道等。

秋景与志向的意境升华

尾联"但随鸿影去，年少志可留"化用"随意春芳歇，王孙自可留"，以秋雁南飞隐喻追寻知识，用"志"字点明青春的抱负。教学中可对比原诗隐逸情怀与当代学子进取精神的异同，引导思考如何用"枫丹染卷快""钟亭承月露"等意象表达求知热忱。

2. 拓展练习建议

结构拆解：将五言律诗分解为"天气景象 + 空间特写 + 人物动态 + 情感升华"四部分，用思维导图填充燕园元素。

词语锤炼：建立"古典意象—现代场景"对照表，如"渔舟→石舫""浣女→学子"。

韵律游戏：以"未名水韵"为题创作对仗句，如"博雅揽星辉，红阁承古意"与"银杏覆金毯，枫丹点秋屏"。

建议参考王维诗中"明月松间照"的光影对比手法，引导孩子描写"塔影浸湖心"的虚实相生；借鉴"莲动下渔舟"的以景衬人，尝试"枫径单车过"的现代画面构建。通过将传统诗歌结构与校园生活观察相结合，培养孩子对古典文学的创造性转化能力。

……

※ 提炼文章核心思想

在语文学习里，精准地提炼文章的核心思想是提升阅读理解与文学鉴赏能力的关键。通过对文章进行细致的拆解，如划分不同的层次并总结各部分的作用，能够帮助孩子构建清晰的思维路径，更深入地理解文本内涵。从微观的字词分析到宏观的主题把握，这一过程既能锻炼孩子对语言艺术的感知力，又有助于他们形成系统的文本解读能力。

下面是笔者在腾讯元宝里使用的提示词及得到的结果。

孩子最近在学朱自清的《背影》，总说抓不住核心思想，请把这篇散文拆解成"场景描写—情感流露—主旨升华"三个层次，用小学生能理解的比喻总结每部分的作用。最后用不超过 20 个字提炼出"父亲买橘"这个经典场景的核心思想，并设计两个亲子互动问题："如果是你描写爸爸，会选哪个生活瞬间？为什么？"

腾讯元宝的回复如下。

《背影》层次拆解与核心思想提炼

一、场景描写：像用放大镜观察细节

作用：文中对父亲攀爬月台买橘子的动作描写（如"两手攀""两脚缩""身子倾"），就像用放大镜定格了一个慢动作镜头。

比喻：就像拍电影时突然拉近镜头，让观众看清每个细微的动作。

孩子理解：作者用放大镜把爸爸买橘子的每一个动作放大，让我们看到爸爸笨拙却努力的样子，就像观察蚂蚁搬食物一样认真。

二、情感流露：像温度计测量冷暖

作用：作者四次流泪（祖母去世、买橘背影、离别背影、读信回忆），像用温度计记录心情起伏。

比喻：温度计会随着天气变化上升下降，作者的心也随着爸爸的背影变暖、变酸、变感动。

孩子理解：就像你摔跤时先痛得哭，后来看到妈妈跑来又感动得哭，作者的心情也在"冷"（难过）和"热"（感动）之间跳动。

三、主旨升华：像用望远镜看到远方

作用：从买橘子的个人回忆，延伸到对父爱、家庭责任的思考，甚至隐含旧时代父子关系的转变。

比喻：望远镜能从小小的镜头里看到星空，作者也从一件小事里看到爸爸的爱像星星一样永恒。

孩子理解：就像用望远镜看月亮上的环形山，作者通过爸爸的背影，看到了更深层的东西——爱不是嘴上说"我爱你"，而是默默为你做难事。

"父亲买橘"核心思想提炼（20字内）

"父亲笨拙却坚定的爱，胜过千言万语。"

……

※ 利用 AI 分析文章的修辞手法

在学习语文的过程中，许多孩子常常对修辞手法感到困惑——明明知道比喻、拟人、排比这些词语，却总在分析文章时"找不准""用不对"，甚至觉得这些概念的抽象难懂。

比如，分不清"比喻"和"拟人"的区别，或无法从段落中识别出反复、夸张等技巧，导致答题时生搬硬套、错误频出。出现这些问题的根源往往在于传统教学依赖机械记忆，缺乏直观的实践引导。

现在，孩子可以利用AI通过互动练习和实时反馈，在具体语境中轻松了解修辞的运用规律。下面是笔者在腾讯元宝里使用的提示词及得到的结果。

> 孩子在仿写句子时难以掌握修辞手法，请用《桂林山水》中的排比句做模板，拆解出"比喻框架＋特征捕捉＋情感递进"三个创作步骤。设计相关的修辞练习：给出现实物品，先分析物品特征，再选择合适的修辞手法，最后组合成生动的句子。

腾讯元宝的回复如下。

> 根据《桂林山水》排比句的创作逻辑，我将拆解出"比喻框架＋特征捕捉＋情感递进"三步训练法，并结合实际物品设计可操作的修辞训练方案。
>
> 一、《桂林山水》排比句创作模板拆解
>
> 原文案例（节选）
>
> 漓江的水真静啊，静得让你感觉不到它在流动；
>
> 漓江的水真清啊，清得可以看见江底的沙石；
>
> 漓江的水真绿啊，绿得仿佛那是一块无瑕的翡翠。
>
> 1. 比喻框架搭建（结构支撑）
>
> 公式：物品特征＋夸张式感叹词＋比喻载体；
>
> "真__啊"句式：通过"真静/清/绿"建立核心特征；
>
> 比喻延伸：用"静得……""清得……""绿得……"串联具体的意象；
>
> 学习要点：选择同类物品的3个不同维度（如视觉、触觉、动态）。
>
> 2. 特征捕捉训练（观察思维）
>
> 原句特征提取：
>
> 静态美（无流动感）→ 透明美（可见沙石）→ 色彩美（翡翠质感）。
>
> 训练方法：
>
> 用"五感观察法"分解物品特征（如形状、颜色、质感、动态、象征意义）。
>
> 3. 情感递进设计（表达层次）
>
> 递进逻辑：

基础描述（静）→ 具象化（清）→ 意境升华（绿如翡翠）。

情感强化：

排比句式的重复结构增强感染力，比喻从"实物"（沙石）到"意象"（翡翠）逐步抽象。

二、现实物品修辞训练方案

练习案例：路灯

1. 特征捕捉

形态：笔直灯杆 / 圆形灯罩 / 暖黄光晕

动态：夜间亮起 / 光柱穿透黑暗 / 影子投射

象征：守护者 / 导航标志 / 温暖陪伴

……

学习文言文的 3 种方法

※ 攻克文言文字词难关

文言文字词辨析是中学生学习语文的重要基础，虚词的多重用法更是准确理解古籍内涵的关键。通过系统性归纳整理高频虚词的语法特征，结合实例分析与语境应用训练，能有效提升孩子的文言文阅读理解能力，让他们在学习文言文时不再被字词用法困扰。

下面是笔者在腾讯元宝里使用的提示词及得到的结果。

孩子最近在学习《论语》时总被"之"字的用法困扰，比如"学而时习之"和"择其善者而从之"中的"之"字似乎意思不同。作为家长，我希望能用更直观的方式帮助他理解。请用表格整理《论语》中"之"字的五种典型用法？每类需要包含原文例句、现代白话释义，以及语法功能说明，比如主谓之间、代词或助词等。

腾讯元宝的回复如下。

根据《论语》中"之"字的用法特征，结合文言文的语法功能，笔者整理其典型用法如下。

用法分类	原文例句	白话释义	语法功能说明	出处依据
1. 代词（第三人称）	学而时习之，不亦说乎？	"之"指代前面提到的知识或事物	作动词宾语，代指具体对象	1 6 7
	择其善者而从之，其不善者而改之	前"之"代指善者，后"之"代指不善者	分别作动词"从""改"的宾语	1 6 8
2. 动词（到/往）	之一邦，则又曰	"之"表示前往某个地方	作谓语动词，后接地点名词	6 7 8
	之三子告，不可	孔子去告诉三位大臣	体现空间移动的动态行为	7
3. 结构助词（的）	夫子之道，忠恕而已矣	"之"连接定语"夫子"与中心语"道"	构成偏正结构，表所属关系	1 3 4
	赤之适齐也	"之"连接主语"赤"与谓语"适齐"	取消句子独立性，使主谓语作句子成分	1 4 6
4. 宾语前置标志	其斯之谓与	本应为"其谓斯与"，"之"提示倒装	固定句式"……之谓也"中的语法标记	3 6 8
5. 音节助词	君子之至于斯也	"之"无实义仅补足音节	调节语句节奏，多用于主谓结构或时间状语后	3 5 6

学习建议

1. 通过"主语＋之＋谓语"结构识别取消句子独立性用法（如"岁寒，然后知松柏之后凋也"）。

2. 代词的判断可遵循"前有动词，后有名词"规律，如"诲女知之乎"中"知"是动词，"之"必作宾语。

3. 动词用法多伴随地点名词，如"之南海"与"之三子告"形成对比记忆。

延伸理解

《论语》中还存在少量特殊用法，如以下几种。

第一人称代词："天厌之"中"之"指孔子自己。

定语后置："马之千里者"类结构（虽未见于《论语》但属常见用法）。

固定句式："如之何"中的虚指代词用法。

建议结合《论语译注》具体篇章，通过上下文反复验证"之"字所指代的具体对象和语法功能，逐步培养语感。

※ 分析文言文中的语法现象

学习文言文，分析语法现象是理解古代语言规律的基础。孩子掌握判断句、倒装句、省略句等典型句式及词类活用等语法特点，有助于他们准确地拆解句子，避免因语序差异或成分省略产生误解，提升对文言文的解读能力。

下面是笔者在腾讯元宝里使用的提示词及得到的结果。

孩子在理解《师说》中"吾师道也"这类活用现象时有困难，请用表格详细解析：①"师"字原本的词性；②此处活用类型（如名词作动词）；③对应的现代汉语表达方式。最好能补充两个同类活用例句帮助对比理解。

腾讯元宝的回复如下。

以下是《师说》中"师"字活用现象的解析表格，包含词性转换类型及对比例句，帮助理解古文活用规律。

原句	①原词性	②活用类型	③现代汉语表达	同类活用例句（补充）	例句来源
吾师道也	名词	名词作动词	学习（道理）	**吾师道也**：学习道理 1 7 **不耻相师**：互相学习 6 12	《师说》
吾从而师之	名词	名词意动用法	以……为师	**孔子师郯子**：以郯子为师 1 7 **耻学于师**：以从师为耻 6 8	《师说》
师道之不传	名词	名词作状语（引申）	从师（的风尚）	**小学而大遗**：小的方面学习 6 8	《师说》

对比解析与学习建议

1. 名词作动词（直接动化）

核心特征：名词直接转化为动作行为，如"师"从"老师"变为"学习"。

现代类比：类似于"雨"在"天雨粟"中活用为动词"下雨"。

2. 名词意动用法（主观判断）

核心特征：主语主观上认为宾语具有某种性质，如"师之"即"以之为师"。

现代类比：类似"鱼肉百姓"中的"鱼肉"（把百姓当作鱼肉）。

同类活用拓展练习

1. 名词作动词

例句：巫医乐师百工之人，不耻相师。（《师说》）

解析："师"原为名词"老师"，此处活用为动词"学习"。

2. 形容词意动用法

例句：于其身也，则耻师焉。（《师说》）

解析："耻"原为形容词"羞耻"，此处活用为意动"以……为耻"。

通过对比不同的活用类型，孩子可掌握古文词性转换的逻辑：名词活用多表动作或态度，意动用法强调主观判断。建议结合具体语境进行分析，并多练习同类例句（如《劝学》中"非能水也"的"水"作动词）以强化理解。

※ 对文言文中的典故意象溯源

文言文中的典故意象蕴含着丰富的文化内涵和历史记忆。追溯这些典故的出处与演变过程，能帮助孩子理解其字面含义，更能透过故事背景把握作者的思想情感，加深孩子对传统文化的认知，为深入研习文言经典打开新的路径。

下面是笔者在腾讯元宝里使用的提示词及得到的结果。

> 孩子在学习文言文时，对其中的典故意象不太理解。请对初中课本文言文中出现的典故意象，如"折柳""大雁""东篱"等进行溯源，解释其最初的含义、出处，以及在不同文言文中的象征意义。

腾讯元宝的回复如下。

初中文言文典故意象解析

一、折柳：惜别怀远的千年符号

1. 溯源与出处

起源：折柳赠别习俗始于汉代，长安灞桥两岸多植柳树，送行者常折柳枝相赠，形成"灞桥折柳"的经典场景。《诗经·小雅·采薇》中"昔我往矣，杨柳依依"首次以杨柳寄托离别之情。

文化内涵

谐音寄情："柳"谐音"留"，表达挽留之意；

生命力象征：柳树"随地可活"，寓意远行者随遇而安；

文学母题：唐代折柳诗达到鼎盛，如李白《春夜洛城闻笛》中的"此夜曲中闻折柳，何人不起故园情"。

2. 文言文中的象征

边塞乡愁："羌笛何须怨杨柳"（王之涣《凉州词》），以折柳曲暗示戍边将士的思乡；

缠绵情思："长条折尽减春风"（白居易《青门柳》），以柳枝折尽暗喻离别频繁；

历史传承：宋代后折柳习俗淡化，但文人仍以"灞桥柳"象征相思怀乡。

二、大雁：跨越时空的情感信使

1. 溯源与出处

历史典故：源自《汉书·苏武传》中"鸿雁传书"的故事，大雁脚系帛书传递苏武未死的消息；

自然特性：大雁秋去春归的候鸟属性，使其成为羁旅漂泊的天然意象。

2. 文言文中的多重象征

家国情怀："归雁洛阳边"（王湾《次北固山下》），以雁喻家书传递乡愁；

忠贞爱情："问世间情为何物"（元好问《雁丘词》），借殉情孤雁歌颂生死相许；

人生哲理："戍鼓断人行，边秋一雁声"（杜甫《月夜忆舍弟》），以孤雁哀鸣渲染乱世流离。

3. 延伸意象

"雁字"："云中谁寄锦书来"（李清照），以雁阵代指书信期待；

"征雁"："凫雁满回塘"（温庭筠《商山早行》），反衬旅途孤寂。

……

利用 AI 提升孩子的 5 种写作能力

※ 仿写训练

写作能力的提升离不开对经典文本的深度研习与创造性转化。利用 AI 技术辅助进行仿写训练，孩子能够系统性地解构名家文风的核心要素，如语言节奏、修辞逻辑与情感表达，并在模仿中逐步形成个性化写作风格。这种训练模式既保留了传统文学鉴赏的严谨性，又借助智能工具突破单一学习路径的局限，为青少年搭建从模仿到创新的阶梯。

下面是笔者在腾讯元宝里使用的提示词及得到的结果。

孩子最近在语文写作中想学习名家笔法，能否模仿鲁迅先生冷峻犀利的文风和夹叙夹议的写作特点，围绕"高考并非一考定终身"这个主题创作一篇 600 字左右的议论文？希望文章能运用鲁迅先生常用的比喻手法和递进式结构，通过历史典故与现实案例的对比，体现对教育本质的深刻思考，帮助孩子理解如何在议论文中展现思想的深度。

腾讯元宝的回复如下。

铁屋之外仍有光——论高考非终局之战

一、独木桥上的火把与深渊

科举场上曾有范进中举痴笑，贡院墙外多孔乙己长嗟。千年科举制锻造的"万般皆下品"之铁幕，在当代仍投下浓重的阴影。那些将高考视作"龙门"的学子，何尝不是新式范进？某地考生因差一分而跳楼，补习机构以"提高一分干掉千人"为标语，这些分明是旧时科举幽灵披着现代外衣游荡。鲁迅笔下

"吃人"的礼教，今日化作吞噬少年灵性的分数怪兽，考场上的钢笔竟比闰土手中的钢叉更显沉重。

（此处插入夹叙夹议：某重点中学的围墙上，"今日埋头苦读，明日锦衣玉食"的标语在雨中剥落，恰似《药》中蘸血的馒头，将鲜活的生命熬煮成僵死的符号。）

二、破壁者的历史回响

嵇康刑场奏的绝响广陵散，陶潜东篱采菊的悠然，早已证明生命价值的多元维度。唐代诗人张继落榜后夜泊枫桥，寒山寺的钟声催生《枫桥夜泊》的千古绝唱；徐霞客放弃科考行走九州，用双脚丈量出另一种人生经纬。这些古人若活在当下，恐怕要被补习班的荧光灯照得失了本色。正如鲁迅在《狂人日记》中撕开的礼教裂缝，我们更需要打破"一考定终身"的认知铁屋。

（此处运用递进论证：科举制度崩塌百年后，其精神幽灵仍在高考制度中借尸还魂。当某省状元因不会系鞋带被退学，这些现实惨剧恰似《祝福》中祥林嫂的当代变体，暴露出单一评价体系对人性的戕害。）

三、新火种正在燎原

马云三次高考才入专科，莫言小学辍学却摘诺贝尔文学奖，这些"离经叛道"者的成功，恰似《故事新编》中颠覆传统的现代寓言。深圳某职校学生在世界技能大赛夺金，用焊枪勾勒出比高考状元更璀璨的人生弧线；95 后女生放弃 985 录取资格创办非遗工作室，让蜀绣针脚缝补起应试教育的裂痕。这些新时代的"呐喊"，正在重构教育的终极意义。

（此处植入鲁迅式比喻：高考分数不过是人生长卷的扉页，真正的正文需要如《野草》般在石缝中生长。某教育集团将孔子"因材施教"的理念植入 AI 系统，恰似《药》中夏瑜坟头的花环，预示着启蒙精神的复苏。）

……

※ 故事续写

在孩子的写作练习中，故事续写是培养其想象力、逻辑思维和叙事能力的有趣方式，但许多孩子在面对空白稿纸时，常常不知如何展开情节，或缺乏灵感继续创作。

AI 可以成为辅助孩子的"创意伙伴"，通过智能续写建议激发孩子的思维，帮助他们拓展故事框架、丰富细节，同时保持写作的乐趣和信心。

下面是笔者在腾讯元宝里使用的提示词及得到的结果。

孩子在续写故事时总是缺乏逻辑性，经常偏离原文的设定。请以安徒生《皇帝的新装》结局为起点，设计一个故事续写训练方案。需要先分析原文的伏笔线索和人物性格，给出 3 个合理的续写方向指导，然后分步骤教孩子如何设计矛盾冲突、保持人物性格统一、安排情节转折。最后请展示一个 500 字左右的示范续写，并标注出关键写作技巧的运用。

腾讯元宝的回复如下。

《皇帝的新装》续写训练方案

一、原文伏笔与人物性格分析（续写基础）

1. 核心伏笔

"看不见布料者即愚蠢"的谎言逻辑：暗示权力体系对真相的压制机制。

游行时内臣托空裙的细节：象征统治阶层集体的虚伪。

民众初始沉默的群体心理：暗示社会潜在反抗的可能性。

2. 人物性格锚点

人物	核心特质	续写行为边界
皇帝	虚荣>理性，权力敏感 3 5	可能掩盖丑闻/疯狂报复/伪装悔改
大臣	虚伪>忠诚，自保本能 3 7	继续逢迎/暗中背叛/推诿责任
百姓	从众>觉醒，集体无意识 5 6	短暂骚动/持续沉默/爆发反抗
孩子	天真>勇敢，真相符号 1 6	成为精神领袖/遭遇打压/引发连锁反应

二、续写方向指导

方向 1：权力重构线

皇帝秘密处决骗子却保留"隐形衣"制度，利用新谎言建立特务统治。

关键矛盾：谎言治国与童真反抗。

伏笔延伸：原结尾内臣托裙动作→发展为专职谎言维护机构。

方向 2：社会觉醒线

孩子被囚禁后引发诗人/学者群体反思，形成地下真相传播网络。

转折设计：游行当日记录者的日记意外流传，真相碎片化传播。

......

※ 跨文体改写

跨文体改写是一种极具挑战性和创新性的写作训练方式，它需要创作者在保留原文核心意境的同时，根据不同文体的特征进行转换，这不仅能加深孩子对原文的理解，还能拓宽其创作思路，提升多维度的写作能力。AI在跨文体改写中能够提供多样化的视角和表达方式，帮助孩子更好地实现文体之间的转换。

下面是笔者在腾讯元宝里使用的提示词及得到的结果。

> 请帮我把杜甫《春望》改写成三种不同文体版本：现代散文、新闻简讯、童话故事。每种改写版本需要保持原诗核心意境，同时体现文体特征。改写完成后请对比分析各版本在语言风格、叙述视角、表现手法上的差异，并设计一组引导性问题，帮助孩子理解不同文体的写作要领。

腾讯元宝的回复如下。

一、杜甫《春望》三种文体改写

版本一：现代散文

《长安春望》

残阳如血，染红了长安城头斑驳的砖石。我踩着碎裂的青石板，每一步都似踏在破碎的江山之上。曲江池水依旧幽深，却映不出往日的杏林烟霞，只剩焦黑的枯枝如断戟般刺向苍穹。

怀中的象牙簪子泛着冷光，那是临行前妻子拔下的，莲纹已模糊，如她鬓角的霜雪。忽闻鸦鸣刺耳，三只寒鸦啄食着城楼上残破的"帅"字旗，褪色的布帛在风中翻飞，像极了灵武战报上的血迹。

朱雀大街的槐树抽了新芽，叶脉蜿蜒如黄河九曲。街角茶肆的幌子裂成两半，"长安"二字被撕去半截，露出底下的"安史"墨迹。乞儿递来半页焦黄的家书，"妻小平安"四字如刀，割得指尖渗出血珠。

暮色四合时，我嚼着发霉的粗面饼，腥甜混着蒿草味涌上喉头。含光门的废墟上，月光将白发染成银丝，簪子一滑，三根白发落进春草，白得刺眼。

核心意境：以细腻的感官描写（视觉、听觉、触觉）重构战乱中的长安，突出个体在历史洪流中的孤独与伤痛。

版本二：新闻简讯

【前线快讯】至德二年春，长安战况纪实

时间：公元 757 年 3 月

地点：唐都长安（现严重损毁）

事件：安史叛军占领长安已逾半年，城内民生凋敝。

记者今日巡城发现以下场景。

1. 城市面貌：曲江池西岸杏林全毁，朱雀大街槐树新芽间残留箭痕。

2. 民生现状：乞儿兜售洛阳家书，半页"妻小平安"标价等同粟米十斗。

3. 军事动态：灵武方向战报频传，守军旗帜遭寒鸦啄食，城墙裂缝可容成人穿行。

专家分析（杜甫，左拾遗）："烽火连三月"致通信断绝，家书价值超万金，折射民众对和平的迫切渴望。

核心意境：以数据化、场景化语言还原历史现场，强化纪实性与宏观视角。

……

※ 将好作品整理为作文模板

在写作学习中，将优秀作品整理成作文模板是一种高效的学习方法。通过系统地分析经典文章的结构布局、修辞手法和语言特色，孩子可以掌握不同文体的创作规律，积累规范的写作范式。这有助于培养孩子的结构化思维，让其在模仿中逐渐形成个性化的表达风格。AI 可以辅助孩子对优秀作品进行拆解和分析，提炼出具有通用性的写作方法论。

下面是笔者在腾讯元宝里使用的提示词及得到的结果。

请以汪曾祺《端午的鸭蛋》为范例，帮孩子提炼出记叙文写作模板。需要先分析文章结构（开头引入、细节描写、情感升华等部分），总结出可复用的段落框架，然后设计配套的填空式练习。给出"校园运动会""学包饺子"等 5 个主题，每个主题提供开头、结尾范例和细节描写提示词，最后指导孩子如何为日常经历套用这个模板写出完整的作文。

腾讯元宝的回复如下。

一、汪曾祺《端午的鸭蛋》写作结构解析

1. 经典结构拆解

汪曾祺的散文以"总分总"为骨架，融入"场景—细节—情感"的流动逻辑。

开头引入：从普遍现象过渡到独特记忆

（例：由端午节的通用风俗切入家乡高邮的"十二红"和咸鸭蛋）

主体展开

事物描写：多感官细节 + 文化符号（视觉为青壳白肚；味觉为红油吱出；文化部分为袁枚《随园食单》引用）。

故事延伸：围绕核心事物展开生活场景（鸭蛋络子、萤火虫游戏）

情感升华：以童趣细节触发怀旧情感，自然流露文化认同（"萤火虫在蛋壳里一闪一闪"暗含对传统文化的眷恋）。

2. 可复用段落框架

【开头】时间 / 场景锚点 + 群体记忆引出个人特写

（例：各地端午节的风俗相似，但最让我难忘的是家乡的……）

【主体】

① **五感描写**：形状 / 颜色 / 质感 + 动态动词（敲、扎、冒）

② **文化钩子**：引用古诗 / 民俗 / 长辈语录

③ **场景切片**：特定人物（奶奶 / 同学）的动作片段

【结尾】物品与情感的时空关联（"如今再看到……总会想起……"）

二、填空式写作模板设计（以 5 个主题为例）

主题 1：校园运动会

开头范例

"操场边的梧桐叶沙沙作响，广播里传来检录通知。在所有项目中，最让我心跳加速的是 4×100 米接力——那根红白相间的接力棒，藏着我们班的秘密。"

细节提示词

阳光刺眼 / 掌心汗湿 / 呐喊声如潮 / 橡胶跑道的热气 / 交接棒的摩擦声

结尾范例

"如今每次路过操场，我总会摸摸口袋，仿佛那根磨旧的接力棒还在，提醒我：胜利的滋味，是汗水和信任发酵的味道。"

……

※ 帮助孩子批改作文

在孩子学习的过程中，写作文是锻炼语言表达和逻辑思维的重要方式，但许多孩子写完作文后，往往缺乏有效的反馈和指导，导致进步缓慢。虽然家长希望帮助孩子提升写作能力，却可能因时间有限或方法不当而难以细致批改。这时，AI 可以为家长提供客观的批改参考，使批改过程更加准确和高效。

下面是笔者在腾讯元宝里使用的提示词及得到的结果。

> 我是家长，请帮我家六年级孩子修改作文，修改的地方与原文一一对应。

上传的文件内容如下。

《难忘的运动会》

那是秋意正浓的十一月，我们六年级迎来了一年一度的年级运动会。当班主任宣布要举办"趣味障碍赛"时，教室里顿时沸腾得像煮开的锅，同学们兴奋得手舞足蹈，连平时最文静的小雨眼睛也亮晶晶的。

随着"砰"的一声发令枪响，我作为第三棒选手站在接力区等待。跑道旁的梧桐树摇晃着枝干，树叶像无数小手在鼓掌。前面的小明正手脚并用地钻过绳网，他的动作像极了动画片里笨拙的熊猫，逗得围观的同学哄堂大笑。这时，我瞥见隔壁班的选手已经完成了第二棒，心脏突然像被装上了小马达，"咚咚咚"地撞击着胸膛。

终于轮到我了！我抓起接力棒冲向独木桥，木板在脚下发出吱呀的抗议。走到桥中央时，一阵顽皮的风突然掠过，我连忙张开双臂保持平衡，恍惚间觉得自己是正在走钢丝的杂技演员。突然，脚底一滑，整个人歪向左侧——就在这千钧一发的时刻，我听见此起彼伏的惊呼："小心！""快蹲下！"……

等我回过神来，发现自己正狼狈地趴在垫子上。膝盖火辣辣地疼，但更让我难过的是，接力棒滚到了两米外的草坪上。这时，一个身影闪电般冲过来，是小雨！她先扶我坐起，又像灵活的松鼠般蹿过去捡回接力棒。当我颤抖着把沾满草屑的接力棒交给下一棒时，喉咙里像堵了块吸满水的海绵。

最终我们班只得了第四名，但班主任却给我们每人发了"勇气勋章"。夕阳把操场染成橘子汽水的颜色，我望着勋章上闪亮的小太阳，突然明白：跌倒时有人伸出手，比奖杯更让人温暖。

这次运动会让我收获了比名次更珍贵的东西。当我们在生活中遇到"独木桥"时，或许会害怕、会失误，但只要身边有伙伴们的加油声，就能重新站起来，继续向前奔跑。

腾讯元宝的回复如下。

以下是针对六年级学生的作文修改建议，保持原文结构的同时提升语言表现力，修改处用【】标注并附说明。

第一段：

原文：那是秋意正浓的十一月，我们六年级迎来了一年一度的年级运动会。

修改：那是金桂飘香的十一月【嗅觉描写增强画面感】，我们迎来了一年一度的趣味运动会【省略年级信息更普适】。

原文：连平时最文静的小雨眼睛也亮晶晶的。

修改：连平时总低头看书的小雨也踮着脚尖张望【动作描写更具体】，眼睛亮得像揣着星星【比喻更生动】。

第二段：

原文：树叶像无数小手在鼓掌。

修改：梧桐叶沙沙作响，像穿着金裙子的精灵在跳舞【拟人化比喻更灵动】。

原文：心脏突然像被装上了小马达，"咚咚咚"地撞击着胸膛。

修改：心脏突然变成狂奔的小鹿【更符合儿童想象】，砰砰声震得耳膜发颤【多感官描写】。

第三段：

原文：木板在脚下发出吱呀的抗议。

修改：独木桥像老爷爷的骨头般咯吱摇晃【双重比喻更形象】。

新增：秋风卷着沙粒扑在脸上【环境描写增强真实感】，我像踩着云朵的笨企鹅【增加童趣比喻】。

原文：恍惚间觉得自己是正在走钢丝的杂技演员。

修改：汗珠顺着鼻尖滚落，在阳光下碎成彩虹【细节描写增强紧张感】。

第四段：

原文：膝盖火辣辣地疼。

修改：膝盖像被烙铁烫过似的【比喻更贴切六年级认知】。

原文：小雨！她先扶我坐起，又像灵活的松鼠般蹿过去捡回接力棒。

修改：素白的手绢轻轻按在我伤口上【细节见真情】，她马尾辫一甩就冲了出去【动态描写】。

结尾段：

原文：伸出的手，比奖杯更让人温暖。

修改：那个秋日，我摔碎了膝盖，却捡到了比金牌更闪亮的东西【设置悬念引发思考】。

......

利用 AI 提高数学学习效率

用 AI 辅助数学学习的思路

※ 明确 AI 在数学学习中的辅助定位

在家庭教育中使用 AI 辅助数学学习，首先要明确 AI 是工具而非替代品。家长应引导孩子将 AI 视为"智能学伴"，在独立思考的基础上合理利用 AI 的题目讲解、错题分析、知识点梳理等功能。

AI 的优势在于提供即时反馈和个性化学习路径，但绝不能让孩子形成依赖心理，直接获取答案而跳过思考过程。

家长需要与孩子共同制定使用规则，比如先独立完成题目再使用 AI 验证思路，或仅在卡壳时寻求 AI 的启发式引导。

※ 构建分阶段的应用框架

根据孩子的学龄特点分层设计 AI 的使用方式：小学阶段可侧重趣味互动，通过 AI 数学游戏巩固基础运算和几何认知；初中阶段可借助 AI 的图形化工具理解函数、几何证明等抽象的概念，同时培养用 AI 验证解题逻辑的习惯；高中阶段则可探索 AI 的数据分析、建模等高级功能，培养数学建模思维。

※ 强化过程性学习支持

利用 AI 打造"预习—练习—复习"闭环：预习时通过 AI 生成的微

课动画直观地理解新概念；练习时使用智能题库获取分层题目，AI 能根据错误类型自动推送变式训练；复习阶段借助 AI 的知识图谱功能梳理单元脉络，智能生成易错点总结。家长要定期查看 AI 生成的学习报告，关注孩子的思维轨迹而非单纯地关注正确率，比如通过 AI 记录的草稿步骤分析孩子的思考瓶颈。

※ 培养批判性使用能力

教导孩子辩证地看待 AI 的输出，可以对比不同 AI 工具对同一题目的解法差异，或故意向 AI 输入错误的内容提前观察其反馈。比如，开展"AI 找茬"活动：让孩子先批改 AI 生成的解题过程，找出可能的逻辑漏洞或计算错误。这种训练既能提升孩子学习数学的严谨性，又能培养其技术辨别力。家长还应与孩子讨论 AI 的局限性，如目前对开放型数学问题的处理不足，强化人类思维不可替代的价值。

※ 创设人机协同的学习场景

设计需要 AI 与人类优势互补的学习任务。例如，让 AI 生成几何图形的样式变化，孩子负责发现其中隐藏的数学规律。家长可组织 "AI+家庭数学" 活动，如利用可视化 AI 工具共同探索圆周率计算的历史演变，既保持人文温度，又提升技术素养。重要的是保持家长的主导角色，AI 作为辅助媒介促进亲子数学对话。

※ 建立动态评估机制

每月与孩子复盘 AI 的使用效果，需要从三个维度评估：知识掌握度（如单元测试进步）、思维提升度（如解题步骤的严谨性）、技术应用度。适时调整使用策略。比如，当发现孩子过度依赖解题步骤时，可暂时改用仅提供最终答案的"黑箱模式"。最终目标是培养"AI 增强型学习者"——既能善用技术优势，又能保持数学思维的自主。

接下来总结关于 AI 辅助数学学习的具体实战案例，由于篇幅有限，因此只能在后面展示关于数学学习的 3 大方向。同样的，这仅仅是几个代表性的方面，重要的是理解用 AI 学习数学的思路。

记忆数学公式

数学公式的记忆和运用是数学学习的关键，而理解公式的推导过程则是深入掌握其原理的重要途径。探究不同几何图形面积公式之间的内在联系，能够揭示数学知识体系的统一性与逻辑性，帮助孩子在理解的基础上进行记忆和应用，避免死记硬背带来的遗忘和错误。

下面是笔者在腾讯元宝里使用的提示词及得到的结果。

孩子对数学公式的记忆比较吃力，比如总是混淆"圆的周长和面积公式"或"乘法分配律与结合律"。请用生活化的例子、口诀或联想记忆法，帮他理解公式的含义和适用场景，并通过具体题目演示公式的应用过程，让孩子对公式记得更牢固且能灵活运用。

腾讯元宝的回复如下。

一、用生活场景和口诀区分"圆的周长与面积公式"

1. 周长公式：$C=2\pi r$ 或 $C=\pi d$

联想记忆：想象孩子每天骑自行车上学，车轮转一圈走过的距离就是周长。

生活例子：用绳子绕花坛边缘一圈，绳子的长度就是周长。告诉孩子"周长像围栏，一圈有多长"。

口诀："周长绕边跑，直径乘 π 好；半径乘 2 再乘 π，结果一样妙！"

题目演示

例题：一个圆形花坛直径为 4 米，绕花坛走一圈有多长？

解：$C=\pi \times 4 \approx 12.56$ 米，可以比喻为"绕花坛散步一圈需要走 12.56 步"。

2. 面积公式：$S=\pi r^2$

联想记忆：把圆想象成披萨，面积就是披萨的大小。

生活例子：用圆规画一个圆，涂色部分的大小就是面积，告诉孩子"面积像披萨，半径平方乘 π 拿"。

口诀："面积算大小，半径自乘再乘 π；想象披萨分几块，切切算算就明白！"

题目演示

例题：披萨半径为 15 厘米，它的面积有多大？

解：$S=\pi \times 15^2 \approx 706.5$ 平方厘米，比喻为"这块披萨能铺满 706 个 1 厘米的小方块"。

······

提供解题的两种思路

在学习数学的过程中，孩子常常会遇到同类型题目反复出错的情况，这是因为他们缺乏对同类题型解题思路的系统梳理。通过 AI 工具对海量习题进行分类归纳，能够帮助孩子快速总结出同类题型的通用解题步骤和核心思路，从而跳出孤立解题的思维局限，形成举一反三的能力，提高数学学习效率。

下面是笔者在腾讯元宝里使用的提示词及得到的结果。

※ 归纳同类题型的解题方法

孩子在做数学题时总是遇到同类型题目反复出错的情况，比如应用题中的"行程问题"或几何题中的"面积计算"。请根据他最近作业中涉及的同类题型（相遇问题、鸡兔同笼问题和三角形面积问题），总结这类题目的通用解题步骤和核心思路，并用简单的例子分步骤说明，帮助孩子归纳出规律，下次遇到类似的题目时能举一反三。

腾讯元宝的回复如下。

以下是针对孩子常错的三种数学题型（相遇问题、鸡兔同笼、三角形面积）的解题思路总结和规律提炼，帮助孩子建立系统性解题思维。

一、相遇问题

核心公式：路程和＝速度和 × 相遇时间

关键点：分析是否同时出发、是否方向相向、是否存在速度差或中途变化。

通用解题步骤如下。

1. 画图标记。画出两地或环形路线，标注出发点和方向（相向 / 同向）。

2. 找总路程。

直线相遇：两地直接距离（如相距 48 千米）。

环形相遇：首次相遇路程为一圈长度，第二次则为两圈（如 400 米跑道相遇两次需跑 800 米）。

中点相遇：快者比慢者多走两倍中点到相遇点的距离（如距中点 3 千米相遇→快者多走 6 千米）。

3. 列式计算。

基础题：直接套用公式，如 48 ÷ (5+7) = 4（小时）。

变式题：分阶段计算（如乙晚出发 1 小时，需先减去甲单独走的路程）。

举例

题目：甲乙从相距 90 千米的两地相向而行，甲速 5km/h，乙速 7km/h，乙晚出发 1 小时，求相遇时间。

解法

①甲先走 1 小时：$5 \times 1 = 5km$，剩余路程 90-5=85km。

②速度和 5+7=12（km/h），相遇时间 $85 \div 12 \approx 7.08$（h）（从乙出发算）。

易错点

忽略"同时出发"的条件，未调整先行路程。

混淆速度和与速度差（相遇用速度和，追及用速度差）。

二、鸡兔同笼问题

核心思路：假设法（全为鸡或兔）或分组法。

通用解题步骤如下。

1. 假设全为一种动物。

若全为鸡，计算脚数与实际差值（如 100 只鸡应有 200 只脚，实际多 80 只脚→差值 120 只脚）。

每换一只兔，脚数差增加 4-2=2（兔比鸡多 2 脚），用总差值÷单只差得兔数。

2. 分组简化。

如"1 兔 +2 鸡"为一组（共 6 脚），总组数 = 总脚数÷每组脚数。

举例

题目：鸡兔共 100 只，鸡脚比兔脚多 80 只，求鸡兔数量。

解法

①假设全为鸡：脚数 100×2=200，与实际差值 200-80=120。

②每换一只兔，脚差减少 6（鸡脚 +2，兔脚 -4→总差 6）。

③兔数 =120÷6=20（只），鸡数 =100-20=80（只）。

……

※ 针对性练习同类错题

在数学学习中，错题是提升知识掌握程度的宝贵资源。针对同类错题进行针对性练习，能有效巩固基础知识点，帮助孩子理解数学概念的本质差异，培养严谨的解题思维。借助 AI 工具批量生成梯度化练习题，可为孩子提供丰富的学习资源，让他们在不断的练习中强化对易错知识点的理解和掌握。

下面是笔者在腾讯元宝里使用的提示词及得到的结果。

孩子在统计题中遇到困难，题目为"一组数据的最大值与最小值的差为 26，若确定组距为 5，则分成的组数是多少"，孩子直接用 26÷5=5.2，取整数 5 组，但正确答案是 6 组。为什么必须向上取整，以及如何避免类似的错误。此外，能否根据这一知识点设计 3 道难度递进的练习题？

腾讯元宝的回复如下。

解答与分析

为什么必须向上取整？

在统计分组中，组数必须向上取整的核心原因是：分组需要覆盖数据的全部范围，避免遗漏最大值或最小值。具体逻辑如下。

1. 全距与组距的关系：题目中全距（最大值与最小值的差）为 26，组距为 5。若直接取整数 5 组（26÷5=5.2），总覆盖范围仅为 5×5=25，无法包含全部数据（26 的差值需要至少 26 的覆盖范围）。因此需要向上取整为 6 组，总覆盖范围变为 6×5=30，确保最后一组的上限超过最大值。

2. "不重不漏"原则：统计分组要求所有数据必须被包含在某一组中。若向下取整，最后一组的上限可能小于最大值，导致部分数据无法归类，违反"不漏"原则。

如何避免类似的错误？

明确分组的核心目标：分组是为了覆盖全部数据，而非单纯地计算。

公式修正：将组数公式从"全距÷组距"改为"向上取整（全距÷组距）"。

举例验证：例如当全距为 26，组距为 5 时，计算 5.2 组后向上取整为 6 组，再用组距×组数（5×6=30）验证是否能覆盖全距。

练习题设计（难度递进）

题目 1（基础）

某数据集的极差（最大值－最小值）为 32，若组距定为 6，应分多少组？

答案与解析：

32÷6 ≈ 5.33，向上取整为 6 组。总覆盖范围 6×6=36，大于极差 32，符合要求。

题目 2（进阶）

一组数据的全距为 45，确定组距为 8 后分成 6 组。分组后最后一组的上限是多少？

答案与解析：

理论组数：$45 \div 8 = 5.625 \rightarrow$ 向上取整为 6 组。

最后一组上限 = 最小值 + 组距 × 组数。假设最小值为 0，则上限为 $0 + 8 \times 6 = 48$。

（注意：实际题目需明确最小值或调整组限）

……

让 AI 提供理解问题的 3 种不同角度

※ 用生活场景使概率问题更通俗易懂

概率问题尤其是排列组合的概念，常常让孩子们感到困惑。如何将抽象的概率知识转化为孩子们容易理解的内容，是许多家长关心的问题。借助 AI 技术，利用生活中常见的场景来阐释概率问题，能够使这些抽象的概念变得更加直观、易懂，帮助孩子们更好地掌握概率计算的方法和原理。

下面是笔者在腾讯元宝里使用的提示词及得到的结果。

孩子对概率计算中的排列组合概念感到困惑，请针对超市抽奖活动设计一个教学案例，比如解释货架上 10 种零食盲盒的抽取概率。同时，请设计 3 个不同难度层次的互动问题，通过模拟真实生活场景中的概率事件，帮助孩子理解基本概率原理和计算方法。

腾讯元宝的回复如下。

超市抽奖活动教学案例设计（以 10 种零食盲盒为例）

教学目标

通过模拟超市货架上的零食盲盒抽奖活动，帮助孩子理解基本概率原理、排列组合的核心概念，并学会用数学工具解决生活中的随机事件问题。

教学步骤与案例设计

1. 基础概念引入：认识概率与组合

场景设定：超市货架上有 10 种不同的零食盲盒（如巧克力、饼干、果冻等），每个盲盒外观相同，但内部零食随机分配。

问题引导："如果随机抽取 1 个盲盒，抽到巧克力的概率是多少？"

解答：假设巧克力有 1 种，概率为 1/10；若巧克力有 2 种，概率为 2/10（即 1/5）。通过调整商品数量，直观地展示概率与"有利事件数 / 总事件数"的关系。

互动道具：用 10 个相同纸盒模拟盲盒（标号为 1 ~ 10），放入不同的零食图片。

通过实际抽取体验，统计实际抽中次数与理论概率的对比。

互动问题设计（3 个难度层次）

难度①：基础概率计算（单次抽取）

问题：货架上有 3 个"隐藏款"盲盒（如限定版饼干）和 7 个普通款。随机抽取 1 个，抽中隐藏款的概率是多少？

解答思路如下。

有利事件数：3 种隐藏款 → 概率 =3/10。

教学延伸：通过调整隐藏款数量（如增加到 5 个），观察概率变化。

难度②：组合数应用（多次抽取无放回）

问题：若一次性抽取 2 个盲盒，求恰好抽中 1 个隐藏款和 1 个普通款的概率。

解答思路如下。

1. 总组合数：$C(10,2)=45$ 种可能性。

2. 有利组合数：$C(3,1) \times C(7,1) = 3 \times 7 = 21$ 种。

3. 概率计算：$21/45 \approx 46.7\%$。

实物模拟：让孩子用卡片组合配对，感受组合数的实际意义。

……

※ 用类比搞懂抽象的函数概念

函数对孩子来说是一个学习难点，因其高度的抽象性，孩子往往难以理解其本质。通过构建生活化的类比模型，能将抽象的函数概念具象化，降低孩子的认知难度，让他们更容易理解函数的定义域、对应关系等关键要素。同时，这也有助于孩子建立数学知识与现实世界的联系，提高运用数学知识解决实际问题的能力。

下面是笔者在腾讯元宝里使用的提示词及得到的结果。

八年级孩子在理解函数的定义域和对应关系时遇到困难，请设计具体的生活化案例帮助其建立直观的认知。

腾讯元宝的回复如下。

为了帮助八年级学生直观地理解函数的定义域和对应关系，可以通过以下生活化案例设计教学。

一、生活化案例设计

案例1：公交车票价与站数的关系

情境：某公交车票价规则为乘坐1～3站收费2元，4～6站收费3元，超过6站收费5元。

定义域：乘坐的站数必须为≥1的正整数（如1，2，3，…）。

对应关系：每个站数范围对应唯一的票价（如3站→2元，5站→3元，7站→5元）。

互动

1. 提问：若小明坐了0站或−2站，票价有意义吗？→引出定义域的限制。

2. 绘制表格：列出站数与票价，观察输入（站数）如何唯一确定输出（票价）。

案例2：太阳能充电宝的充电时间

情境：太阳能充电宝的充电量（y）与光照时间（x）成线性关系（$y=0.5x$），但只能在白天（6:00—18:00）使用。

定义域：时间x必须在$6 \leq x \leq 18$（小时）范围内。

对应关系：每增加1小时光照，充电量增加0.5度。

互动

1. 讨论：若夜间（$x=20$）充电，结果如何？→定义域外的输入无意义。

2. 绘制函数图像：在坐标系中标注有效时间范围，观察图像仅在定义域内存在。

案例3：奶茶店的"第二杯半价"活动

情境：奶茶原价15元／杯，第二杯半价。总价（y）与购买杯数（x）的关系：

定义域：x为≥1的整数。

对应关系

若$x=1$，$y=15$元；

若$x=2$，$y=15+7.5=22.5$元；

若$x=3$，$y=15+7.5+15=37.5$元；

……

互动

1. 计算不同杯数的总价，体会"每个杯数对应唯一总价"的对应法则。

2. 提问：若购买 0.5 杯或负数杯，是否合理？→强化定义域为整数的限制。
……

※ 用质数概念理解蝉的生命周期

质数作为数学中的一个重要概念，对孩子来说学习相关内容可能显得枯燥乏味。然而，当将质数的概念与自然科学知识相结合时，就会发现质数在自然界中有着神奇的应用。例如，北美周期蝉的生命周期与质数密切相关。通过探究这一现象，能激发孩子对质数学习的兴趣，引导他们思考数学规律在自然界中的体现，以及数学与其他学科之间的联系。下面是笔者在腾讯元宝里使用的提示词及得到的结果。

> 孩子觉得质数的学习很枯燥，请帮我结合自然科学知识激发孩子的学习兴趣。具体讲解北美周期蝉为何选择 13 年、17 年这样的质数作为生命周期，解释质数特性如何帮助它们躲避天敌的繁殖周期，进而引导孩子思考数学规律在自然界中的神奇应用，并探索其他生物现象中的数学原理。

腾讯元宝的回复如下。

> 北美周期蝉的质数生存密码：数学如何让蝉成功"躲猫猫"？
>
> 你知道吗？北美周期蝉是自然界里的"数学大师"，它们用质数作为生命周期的秘密武器，成功躲避天敌的追杀！让我们通过蝉的故事，揭开质数的神奇面纱，看看数学规律如何在大自然中"活"起来。
>
> 一、蝉的"质数人生"：13 年和 17 年背后的生存智慧
>
> 1. 质数的"避敌公式"
>
> 北美周期蝉选择 13 年或 17 年这样的质数作为生命周期，其实是自然选择的结果。假设蝉的周期是 12 年（非质数），那么生命周期为 2 年、3 年、4 年、6 年的天敌会每隔 12 年、6 年、4 年、3 年与它相遇。但若周期是 17 年（质数），天敌的繁殖周期（如 3 年、5 年）与蝉相遇的间隔会变成 51 年（3×17）或 85 年（5×17）。这种策略让蝉与天敌"错峰出行"，极大地降低了被捕食的概率。
>
> 2. 质数的"最小公倍数陷阱"
>
> 数学中的最小公倍数原理在这里大显身手：两个质数的最小公倍数是它们的乘积。例如，13 年蝉和 17 年蝉同时出土的间隔是 221 年（13×17），上

一次相遇在 1803 年，下一次要到 2245 年。这种"默契"避免了同类竞争资源，也减少了天敌的威胁。

3. 冰河时期的"生存实验"

科学家推测，约 180 万年前的冰河时期，寒冷的气候迫使蝉延长地下生活时间。那些偶然选择质数周期的蝉，因避开天敌而存活下来，最终通过自然选择成为主流。例如，17 年周期的蝉在冷夏中的存活率高达 96%，而非质数周期（如 7 年）仅有 7%。

二、数学与生命的交响：其他自然界的数学奇迹

1. 蜂巢的"六边形最优解"

蜜蜂用正六边形筑巢，这种结构能以最少的蜂蜡储存最多的蜂蜜，完美符合几何学中的"最密堆积"原理。你知道吗？六边形的内角是 120°，恰好是正多边形中能无缝拼接且最节省材料的形状。

2. 向日葵的"斐波那契数列"

向日葵种子的排列遵循斐波那契数列（1, 1, 2, 3, 5, 8, 13, …），这种螺旋排列能让每颗种子获得最大光照空间。类似的规律还出现在松果、菠萝和仙人掌的形态中。

……

利用 AI 提高英语学习效率

用 AI 辅助英语学习的思路

英语与语文一样，也是 AI 非常擅长的学习领域，如果能够熟练掌握各类 AI 工具，则可以通过以下各种方法提升英语学习的趣味与效率。

※ 进行英语学习路径规划

AI 可以分析孩子的现有水平、学习目标和薄弱环节，生成个性化的学习计划。例如，针对单词量不足的孩子优先推荐高频词记忆策略，而对语法薄弱的则侧重句子结构分析。这种自适应机制能避免"一刀切"式学习，显著提升时间利用效率。

※ 沉浸式语言环境构建

通过智能生成符合孩子水平的原版读物、播客脚本或影视片段，AI 能模拟真实的英语使用场景。孩子可自由选择科技、商务等细分领域的内容，在兴趣的驱动下自然地积累地道表达，突破传统教材的语境局限。

※ 即时反馈与纠错机制

在英语口语练习中，AI 能像教师一样实时标记语法错误、用词不当等问题，并提供修改建议。比较特别的是它能解释错误背后的语言规则，而非简单地纠错，帮助孩子建立系统的错误规避意识。

※ 多维记忆强化系统

基于遗忘曲线算法，AI 可智能安排单词和语法点的复现频率，并通过近义词联想、词根词缀拆解等深度记忆法，将机械背诵转化为逻辑记忆。同时支持将生词嵌入学习者熟悉的语境，形成长期记忆锚点。

接下来总结关于 AI 辅助英语学习的具体实战案例，由于篇幅有限，因此只能在后面展示关于英语学习的 5 大方向。同样的，AI 在辅助孩子学习英语时还有更多其他的实际应用场景，重要的是学习用 AI 学习英语的思路。

记忆英语单词的 4 种方法

※ 图像记忆法

图像记忆法是指通过将抽象的英语单词转化为生动、具体的视觉图像，利用大脑对图像的敏感性和记忆力，显著提升单词记忆的效率和持久性的一种方法。这种方法通过分类、联想和夸张的想象，将单词与形象的画面联结，使记忆过程更具趣味性和逻辑性，从而克服传统机械记忆的枯燥感，同时激活左右脑协同工作，形成长期记忆。其核心优势在于将晦涩的单词信息转化为易于理解的视觉符号，并通过反复强化图像关联，帮助孩子在回忆时快速提取画面细节，实现单词意义与形象的深度绑定。借助 AI 可以创建英语单词图像，具体操作方法如下。

（1）进入豆包官方网站，在首页文本框中输入"请生成一系列关于动物的英语单词，并为每个单词标注好中英文"，如下图所示。

请生成一系列关于动物的英语单词，并为每个单词标注好中英文。|

📎　✦ 深度思考　　　　　　　　　　　　　　　　　　　✂　🎤　↑

📷 图像生成　超能创意*1.0　📹 视频生成　✨ AI 编程　✍ 帮我写作　🔍 AI 搜索　🔲 更多

（2）单击右侧的 ↑ 按钮，即可生成内容，生成的部分内容截图如下图所示。

哺乳动物 (Mammals)

1. dog /dɒg/ —— 狗
2. cat /kæt/ —— 猫
3. elephant /ˈelɪfənt/ —— 大象
4. tiger /ˈtaɪgə(r)/ —— 老虎
5. lion /ˈlaɪən/ —— 狮子
6. panda /ˈpændə/ —— 熊猫
7. monkey /ˈmʌŋki/ —— 猴子
8. giraffe /dʒəˈrɑːf/ —— 长颈鹿
9. horse /hɔːs/ —— 马
10. bear /beə(r)/ —— 熊

鸟类 (Birds)

11. eagle /ˈiːgl/ —— 鹰
12. pigeon /ˈpɪdʒɪn/ —— 鸽子
13. parrot /ˈpærət/ —— 鹦鹉
14. swallow /ˈswɒləʊ/ —— 燕子
15. ostrich /ˈɒstrɪtʃ/ —— 鸵鸟
16. duck /dʌk/ —— 鸭子
17. sparrow /ˈspærəʊ/ —— 麻雀
18. peacock /ˈpiːkɒk/ —— 孔雀

（3）首先复制生成的"哺乳动物"类单词，返回豆包首页，单击左侧的"图像生成"按钮，在文本框中粘贴"哺乳动物"类单词，并在后边补充具体指令"根据以上单词生成带有特定动漫形象的动物图片，图片中要出现相应的中英文标注（不用加音标）"，如下页图所示。

图像生成

创意高效迭代，让灵感自然生长

tiger /ˈtaɪɡə(r)/ —— 老虎

lion /ˈlaɪən/ —— 狮子

panda /ˈpændə/ —— 熊猫

monkey /ˈmʌŋki/ —— 猴子

giraffe /dʒəˈrɑːf/ —— 长颈鹿

horse /hɔːs/ —— 马

bear /beə(r)/ —— 熊

根据以上单词生成带有特定动漫形象的动物图片，图片中要出现相应的中英文标注（不用加音标）。

🖼️ 参考图　🔲 比例　✏️ 风格　　　　🎤　⬆️

（4）将比例设置为 9 ： 16，如下左图所示；将风格设置为"卡通"风格，如下右图所示。

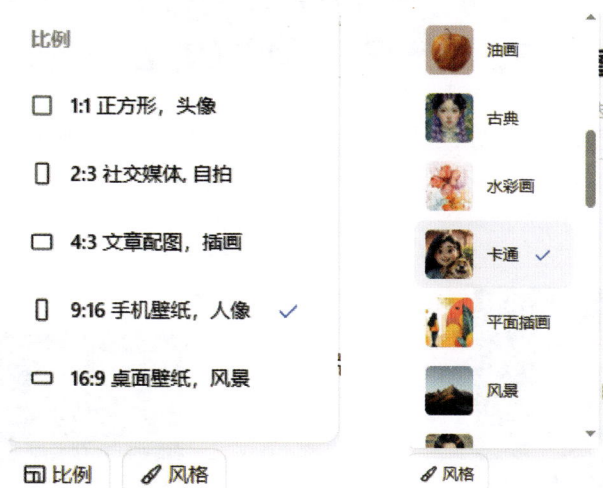

比例

☐ 1:1 正方形，头像

☐ 2:3 社交媒体，自拍

☐ 4:3 文章配图，插画

☐ 9:16 手机壁纸，人像 ✓

☐ 16:9 桌面壁纸，风景

🔲 比例　✏️ 风格

油画

古典

水彩画

卡通 ✓

平面插画

风景

✏️ 风格

（5）单击右侧的 ⬆️ 按钮，即可生成相应的图像，生成的部分图像如下图所示。

（6）需要注意的是，豆包在生成文字的过程中会出现有多余文字的情况，如下左图所示。此时需要用鼠标单击一下图片，进入图片的编辑界面如下右图所示。

（7）单击上方的"擦除"按钮，并选中要消除的区域，如下左图所示。

（8）单击下方的"擦除所选区域"按钮，即可得到消除多余文字后的效果，如下右图所示。

此外，我们还可以根据孩子的兴趣爱好进行个性化定制。例如，若孩子喜欢熊猫的卡通形象，便可将其融入英语单词卡片的设计中，通过孩子喜爱的形象来激发其学习热情，这种寓教于乐的方式能显著提升孩子的学习兴趣和记忆效果，如下图所示。

※ 短句法定制计划记忆单词

短句法是指通过将单词嵌入有意义的语言环境中，强化大脑对单词的立体化记忆的一种方法。这种方法利用句子提供的上下文逻辑和情感色彩，帮助孩子建立单词与具体场景的关联，从而突破孤立记忆的局限性。当单词被置于短句中时，孩子不仅能记住词义，还能自然地掌握其常见搭配、语法功能和语用场景，这种多维度的记忆效果远胜于机械重复。同时，短句创造的微型语境能激活右脑的形象思维，将抽象的单词转化为可感知的意象，大幅降低遗忘率。

下面是笔者在腾讯元宝里使用的提示词及得到的结果。

下面是这周孩子要背的 100 个单词，按以下原则制定一个记忆时间表。

1. 使用 1+3 原则，即每天集中时间记其中的 20 个，不要多也不要少，再利用碎片时间复习这 20 个。

2. 注重记忆曲线。

3. 搭配单词词义与词性进行记忆，即将每天要记忆的单词组成一个小短句，确保此短句中包括所有当天要记忆的单词。

4. 可用的记忆时间为每天晚上的 7 点至 7 点半，早上 8 点至 8 点半。

5. 输出的时间表要有详细的规划，如每天记哪些单词、辅助记忆的短文是什么，以及哪天复习。

6. 最后要核实并检查一下是不是将所有单词全安排好，确保无遗漏。

7. 每天的内容要放在能打印在横版 A4 纸的表格里，表格分为 5 行，第一行是当天的日期，第二行是示例短文，第三行是示例的翻译，第四行是当天要记的单词的意思、词性，单词之间用 | 符号分隔。第五行是学习与复习的时间，这个时间要按记忆曲线进行安排。

8. 要记的单词要用粗体表示，第二行与第三行居左对齐，第四行居中对齐。

9. 这个表格以 HTML 格式输出，要有明显的粗表格线条。这样我可以直接复制到 Word 中进行打印，每两天的内容要用空行隔开。

10. 寻找词义时要优先从权威英语字典网站查找相关信息。

如果完全明白，就回复"明白"，然后我将输入要记忆的单词。

腾讯元宝的回复如下。

> 明白
>
> 请提供需要记忆的 100 个单词列表，我将根据您的要求生成详细的记忆时间表（包含每日学习内容、短文示例、复习安排及 HTML 表格格式）。
>
> （等待您输入单词列表后，我将立即开始规划。）

再次输入提示词。

> ability, accept, achieve, across, act, active, activity, add, address, advantage, advice, afford, afraid, agree, air, alive, all, allow, almost, alone, along, already, also, although, always, American, among, amount, ancient, and, angry, animal, another, answer, any, anyone, anything, appear, apple, April, area, arm, around, arrive, art, article, as, Asia, Asian, ask, asleep, at, attack, attention, August, aunt, Australia, Australian, autumn, avoid, awake, away, baby, back, bad, badly, bag, ball, balloon, bamboo, bank, basic, basket, basketball, bath, bathroom, be, beach, bear, beat, beautiful, because, become, bed, bedroom, beef, before, begin, behind, believe, bell, belong, below, beside, best, better, between, bicycle, big, bill, billion, bird, birth, birthday, bit, black, blind

腾讯元宝的回复如下。

Day 1: Monday

The **ability** to **achieve** goals requires **active** effort. **Across** the room, an **ancient animal** statue stood. **Another answer** might **appear** if you **ask** politely. **Attention** to detail helps avoid mistakes. The **August** heat made the **asleep** cat **awake**.

实现目标的能力需要积极的努力。房间的另一边，一座古老的动物雕像矗立着。如果你礼貌地询问，可能会出现另一个答案。注意细节有助于避免错误。八月的炎热让熟睡的猫醒了过来。

ability (n.能力) | accept (v.接受) | achieve (v.实现) | across (prep.穿过) | act (v.行动) | active (adj.活跃的) | activity (n.活动) | add (v.添加) | address (n.地址) | advantage (n.优势) | advice (n.建议) | afford (v.负担得起) | afraid (adj.害怕的) | agree (v.同意) | air (n.空气) | alive (adj.活着的) | all (adj.所有的) | allow (v.允许) | almost (adv.几乎) | alone (adj.独自的)

学习时间: 7:00-7:30 PM (Mon) | 复习时间: 8:00-8:30 AM (Tue), 7:00-7:30 PM (Wed), 8:00-8:30 AM (Fri)

Day 2: Tuesday

Along the path, an **American** tourist found an **ancient** coin. **Although** it was **already** late, he **also** discovered a small **animal**. The **amount** of treasure surprised him. **Anyone** would be **angry** if they lost such a find. He **avoid** telling **anyone** until he could **address** its value properly.

沿着小路，一位美国游客发现了一枚古币。虽然已经很晚了，他还发现了一只小动物。宝藏的数量让他惊讶。任何人丢了这样的发现都会生气。他避免告诉任何人，直到他能正确评估其价值。

along (prep.沿着) | already (adv.已经) | also (adv.也) | although (conj.虽然) | always (adv.总是) | American (adj.美国的) | among (prep.在…之中) | amount (n.数量) | ancient (adj.古老的) | and (conj.和) | angry (adj.生气的) | animal (n.动物) | another (adj.另一……)

※ 中英文短文记忆法

这种方法与前面的短句法（定制计划记忆单词）类似，同样是通过故事文本记忆单词，但不同之处在于，中英文短文记忆法是通过构建一篇完整且连贯的中英文穿插式短文来实现单词记忆的。

在短文中，单词不再孤立地出现，而是被巧妙地融入到具有情节、逻辑关系的语境之中。这样一来，孩子在阅读短文时，不仅能记住单词的拼写和发音，还能深刻理解其在实际场景中的用法、含义，以及与其他单词之间的关联。

同时，这种完整的短文营造出的丰富语境，能够更好地刺激大脑的记忆区域，使孩子在记住单词的同时，提升对英文表达和语言逻辑的认知，相较于短句法，更有助于培养孩子的英语综合运用能力。

下面是笔者在腾讯元宝里使用的提示词及得到的结果。

下面是这周孩子要背的 100 个单词，按以下原则制定 4 个记忆表。

1. 从 100 个单词里随机抽取 25 个，组成一个简短的故事，故事的书写方法是中英混杂，例如"最难的不是 achieve[əˈtʃiːv] 飞向太空的梦想，而是说服 NASA 的考官们 believe[brˈliːv] 你这个穷学生设计的航天飞机方案。看着手中 basic[ˈbeɪsɪk] 的设计图纸，Tom 咬了咬牙——普通家庭根本 afford[əˈfɔːd] 不起昂贵的航天材料。"But I must avoid[əˈvɔɪd] using excuses." 他对着满墙的 NASA 海报发誓。"其中的英文单词就是要记忆的学习任务。

2. 在撰写短故事时，要考虑用户输入的风格要求或角色要素，以其为核心进行编写。

3. 在短故事的下方要列出这些单词的词性、词义，并以 | 符号进行分隔。

4. 将以上内容放在不同的横版表格中，这些表格将被复制至 A4 横版纸上打印，因此要有明显的表格线。

5. 每个表格有 4 行，第一行是序号及日期。第二行是短故事。第三行是故事涉及的单词及解释、词性。第四行为空格，以便于写备注。

6. 最后要核实并检查一下是不是将所有单词全安排好，确保无遗漏。

7. 要记的单词要用粗体表示。

8. 所有 4 个表格以 HTML 格式输出，要有明显的粗表格线条。这样我可以直接复制到 Word 中进行打印。

如果完全明白，就回复"明白"，然后我将输入要记忆的单词，并指明故事的风格或核心要素。腾讯元宝的回复如下。

> 明白
> 　请提供需要记忆的 100 个单词列表，我将根据您的要求生成详细的记忆时间表（包含每日学习内容、短文示例、复习安排及 HTML 表格格式）。
> 　（等待您输入单词列表后，我将立即开始规划。）

再次输入提示词。

> 　ability, accept, achieve, across, act, active, activity, add, address, advantage, advice, afford, afraid, agree, air, alive, all, allow, almost, alone, along, already, also, although, always, American, among, amount, ancient, and, angry, animal, another, answer, any, anyone, anything, appear, apple,

April, area, arm, around, arrive, art, article, as, Asia, Asian, ask, asleep, at, attack, attention, August, aunt, Australia, Australian, autumn, avoid, awake, away, baby, back, bad, badly, bag, ball, balloon, bamboo, bank, basic, basket, basketball, bath, bathroom, be, beach, bear, beat, beautiful, because, become, bed, bedroom, beef, before, begin, behind, believe, bell, belong, below, beside, best, better, between, bicycle, big, bill, billion, bird, birth, birthday, bit, black, blind

第一个短故事发生在沙漠，其他表格的故事不要与第一个相同。

腾讯元宝的回复如下。

Table 1/4 | Date: _____

沙漠试验场里，**ancient**[ˈeɪnʃənt]的**ability**[əˈbɪlɪti]被唤醒——科学家们**accept**[əkˈsept]用**bamboo**[ˌbæmˈbuː]搭建防风墙。**Almost**[ˈɔːlməʊst]所有人**afraid**[əˈfreɪd]沙暴会**attack**[əˈtæk]设备，但**American**[əˈmerɪkən]工程师**achieve**[əˈtʃiːv]了突破："**Across**[əˈkrɒs]这片**area**[ˈeəriə]，我们**add**[æd]了**basic**[ˈbeɪsɪk]生存系统。"突然**animal**[ˈænɪml]警报响起！红外线显示**another**[əˈnʌðər]**Asian**[ˈeɪʒn]团队正**arrive**[əˈraɪv]。"**Attention**[əˈtenʃn]！"队长**act**[ækt]迅速，"**Anyone**[ˈeniwʌn]请**avoid**[əˈvɔɪd]东侧沙丘！"

ancient adj.古老的 | **ability** n.能力 | **accept** v.接受 | **bamboo** n.竹子

almost adv.几乎 | **afraid** adj.害怕的 | **attack** v.攻击 | **American** adj.美国的

achieve v.实现 | **across** prep.穿过 | **area** n.区域 | **add** v.添加

basic adj.基本的 | **animal** n.动物 | **another** adj.另一个 | **Asian** adj.亚洲的

arrive v.到达 | **attention** n.注意 | **act** v.行动 | **anyone** pron.任何人

avoid v.避免 | **active** adj.活跃的 | **activity** n.活动 | **address** n.地址

(Remarks: _____)

Table 2/4 | Date: _____

国际空间站的**Australian**[ɒˈstreɪliən]宇航员**beat**[biːt]着**balloon**[bəˈluːn]篮球记录数据。**Because**[bɪˈkɒz]**beef**[biːf]罐头**become**[bɪˈkʌm]太空垃圾，他们**begin**[bɪˈɡɪn]用**bank**[bæŋk]的零重力系统回收。"**Beautiful**[ˈbjuːtɪfl]极光！"**baby**[ˈbeɪbi]AI突然**appear**[əˈpɪr]警告：**below**[bɪˈləʊ]有**angry**[ˈæŋɡri]的太空碎片！Although[ɔːlˈðəʊ]**alive**[əˈlaɪv]的宇航员们**allow**[əˈlaʊ]自动防御，**article**[ˈɑːtɪkl]显示**August**[ˈɔːɡəst]的流星雨将**arrive**[əˈraɪv]。"**Attention**[əˈtenʃn]全体！"**aunt**[ɑːnt]指挥官的声音**around**[əˈraʊnd]响起。

Australian adj.澳大利亚的 | **beat** v.击打 | **balloon** n.气球 | **because** conj.因为

beef n.牛肉 | **become** v.变成 | **begin** v.开始 | **bank** n.银行

beautiful adj.美丽的 | **baby** n.婴儿 | **appear** v.出现 | **below** prep.在……下方

……

※ 歌曲记忆法

歌曲记忆法通过将英语单词融入旋律和节奏中，利用音乐的美感与重复性刺激多感官参与学习，从而强化记忆效果的一种方法。美妙的旋律和欢快的节奏不仅能提升孩子的学习兴趣，降低记忆的枯燥感，还能通过听觉和语言的双重编码加深大脑对单词的印象。心理学研究表明，音乐能促进孩子情绪记忆和形象记忆的结合，使单词更易转化为长时记忆，同时歌曲中的语境和句型复现也有助于巩固单词的用法和发音规律。此外，编唱过程中的主动参与能进一步调动孩子的创造性思维，形成更持久的记忆联结。

因此，听英文歌曲被认为是一种重要的英语学习方法。当孩子主动将英语单词融入自己喜爱的歌曲旋律中时，这种创造性的过程会激发他们的参与热情——熟悉的节奏成为记忆的锚点，喜爱的曲调转化为学习的动力。孩子更愿意反复哼唱自编的英文歌词，在无意识中完成单词的深度复现。

接下来笔者将通过创作歌曲的方法记忆英语单词，具体操作步骤如下。

首先是通过腾讯元宝生成带有英语单词的歌曲，下面是笔者在腾讯元宝里使用的提示词及得到的结果。

> 请利用以下 30 个英文单词 "front, left, popular, strong, composition, healthy, enjoy, useful, famous, prefer, join, dream, future, excited, practice, careless, angry, quickly, important, boring, everywhere, born, so - so, journalist, fall down, always, confident, peaceful, generous" 创作一首英文歌曲。歌曲需要涵盖所有单词，主题积极向上，旋律节奏具有一定的流畅性，且单词的运用要自然合理，符合歌词的表达逻辑。在创作时，可根据需要适当添加连接词、短语和重复歌词来丰富歌曲，同时要保证整体歌词具有一定的故事性或情感表达，并且在歌词的最后给出中文意思。

腾讯元宝的回复如下。

> 歌曲标题：Born to Shine
> （旋律建议：轻快流行风格，副歌部分加入鼓点增强节奏感）
>
> Verse 1
> I was born in a so-so town,
> Where dreams like stars fall down.

But I practice every day,

To chase the light left in grey.

Front of the mirror, I sing out loud,

Though the world says "Be careless, don't stand proud."

But I prefer to be strong,

Writing my composition—this is my song!

Pre-Chorus

Everywhere I go, I hear the sound,

Of voices whispering "You'll fall down."

But I'm excited for what's important,

My future's bright—it's confident!

Chorus（重复）

I'm born to shine, always true,

Through the angry storms, I'll break through!

Healthy in mind, peaceful in soul,

Generous love makes me whole.

Oh, I'll join the famous few,

'Cause I'm useful, bold, and new!

……

接下来通过音乐创作平台创作歌曲。

（1）进入海绵音乐官方网站，进入下图所示的界面。

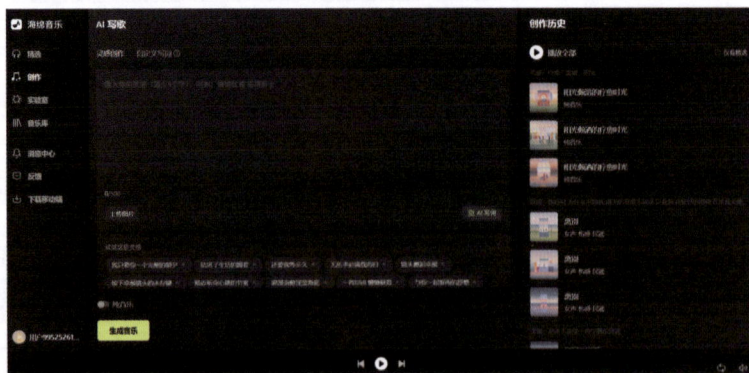

（2）单击上方的"自定义写词"按钮，将腾讯元宝生成的带有英文单词的歌词文本"复制""粘贴"到文本框中，如下图所示。

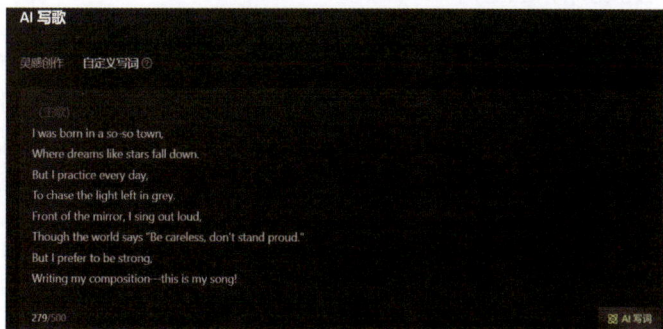

（3）选择合适的音乐风格，这里选择"曲风"为"流行"、"心情"为"放松"、"类型"为"女声"、"特征"为"明亮"，如下图所示。

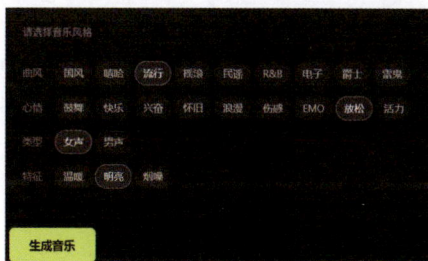

（4）单击左下方的"生成音乐"按钮，即可生成相关的英文歌曲，如下组图所示。

巩固英语语法的 3 种方法

※ 通过句子分析语法结构

在学习语法的过程中，许多孩子常常因为句子结构复杂或规则抽象而感到困惑，比如分不清主语和谓语的关系、搞不懂修饰成分的作用，或者面对长句子时无从下手。这些困难不仅影响他们对句子的理解，还可能削弱他们的学习兴趣。此时，家长可以通过 AI 帮助孩子们更轻松地掌握语法结构。

下面是笔者在腾讯元宝里使用的提示词及得到的结果。

> 孩子对长句子的语法结构分析有困难，比如分不清主句和从句。请用这个例句："Although it was raining heavily, we still went to the park because we had made a promise to meet our friends there." 详细讲解。1. 用不同的颜色标注主句和从句；2. 逐一指出主语、谓语、宾语、状语的具体位置及功能；3. 说明每个从句类型（如让步状语从句、原因状语从句）及其引导词（although/because）的作用；4. 最后总结分析长句的步骤（比如先找连接词、再定位谓语动词）。

腾讯元宝的回复如下。

> 以下是对例句的详细语法结构分析。
>
> 例句颜色标注（按功能区分）
>
> Although it was raining heavily, we still went to the park because we had made a promise to meet our friends there.
>
> 逐句成分分析
>
> 1. 主句（蓝色部分）
>
> 结构：we still went to the park
>
> 成分分解
>
> 主语：we（动作的执行者）
>
> 谓语：went（核心动词，表示动作）
>
> 宾语：to the park（动作的承受对象，介词短语作宾语补足语）
>
> 状语：still（副词，修饰谓语，强调动作的持续性）

2. 让步状语从句（绿色部分）

结构：Although it was raining heavily

成分分解：

引导词：Although（表示让步关系）

主语：it（形式主语，指代天气）

谓语：was raining（系动词＋现在分词，描述状态）

状语：heavily（副词，修饰谓语，说明雨势程度）

功能：说明主句动作发生的条件（尽管下雨），与主句形成对比。

※ 针对性练习语法知识

对孩子来说，掌握语法规则不仅能提升写作和阅读能力，还能增强口语表达的清晰度。然而，单纯的理论学习往往难以让孩子真正理解和运用语法知识，因此，通过针对性练习，将抽象的规则转化为实际的语言技能显得尤为重要。

家长可以通过 AI 科学设计的练习题目，帮助孩子逐步巩固语法基础，从易到难、由浅入深地培养语感，让语法学习变得生动而有效。

下面是笔者在腾讯元宝里使用的提示词及得到的结果。

需要给孩子设计一套英语时态专项练习题，涵盖一般现在时、过去时、现在进行时和过去完成时。具体要求：1. 共 15 题，分基础题（10题）和拓展题（5 题），基础题以单句填空为主（如用括号动词的正确形式填空），拓展题可设计情境小短文补全；2. 题目场景贴近中学生的生活；3. 题型包含选择题、改错题和翻译题；4. 请按难度梯度排列，暂不提供答案。

腾讯元宝的回复如下。

以下是为您设计的英语时态专项练习题，共 15 题，分基础题与拓展题，题型涵盖填空、选择、改错和翻译，场景贴近中学生的生活，按难度梯度排列。

基础题（1~10 题）

一、用括号内动词的正确形式填空

1. My sister usually _____（walk）to school, but today she _____（ride）her bike.

2. Last weekend, Tom _____（forget）to bring his homework, so the teacher _____（ask）him to rewrite it.

3. Look! The boys _____（play）basketball on the court, and their coach _____（watch）them carefully.

4. By the time I arrived at the cinema, the movie _____（start）already.

5. She _____（not finish）her math homework yet, but she _____（plan）to complete it after dinner.

二、选择题

6. When I called Lily yesterday, she _____ a science experiment in the lab.

A. does

B. did

C. was doing

D. had done

7.Our school _____ a sports meeting every October. This year, it _____ next week.

A. holds; will start

B. held; starts

C. is holding; started

D. has held; is starting

三、改错题（每句有一处时态错误）

8. Sarah is usually go to the library after class.

9. By the time we reached the station, the train has left.

10. While I did my homework last night, the phone rang.

……

※ 通过模拟聊天练习语法

对于孩子英语语法的学习，情景对话是一种极为有效的方式。在日常生活中，结合特定场景进行交流，能让孩子在轻松的氛围中练习英语语法。下面这个模拟的聊天场景，围绕两地美食展开，通过简单的句式、常见单词，自然穿插不同的时态，着重练习介词、冠词和连词的正确使用，还会适当重复关键语法结构。若孩子出现语法错误，也会以温和的方式间接纠正。

我想通过情景对话帮孩子练习日常英语语法。设定场景：你扮演一个伦敦初中生，用简单的句式和常见单词（如一般现在时、there be 句型）聊两地美食。对话要求：1. 每次发言不超过两句话，自然穿插不同的时态（比如 "I ate fish and chips yesterday."）；2. 重点练习介词、冠词和连词的正确使用；3. 适当重复关键语法结构（比如比较级："Beijing dumplings are spicier than British pies!"）；4. 如果孩子出现语法错误，请用改写正确句子的方式间接纠正。我现在以 "Hi! I heard London has amazing food. What's your favourite?" 开头，你请回答。

腾讯元宝的回复如下。

Hi! Yes, we have delicious food in London. My favourite is fish and chips, but I also love Sunday roast with my family.

（间接纠正示范：如果孩子回答："London have yummy food." 你可以说："Yes, London has yummy food! The taste is better than I expected."）

Now tell me about food in your city!

Mine is jianbing! It's a pancake with eggs and sauce. There are crispy bits inside too.

Wow, your jianbing sounds crunchier than my fish and chips! Yesterday I tried a new snack at Covent Garden Market.

（如果孩子说 "there is crispy bits." 可以自然回应："Yes, there are crispy bits! The texture sounds amazing."）

Do you eat it for breakfast or lunch?

I usually eat it in the middle of the day or in the evening.

That's cool! I sometimes have sandwiches at noon, but my mum cooks dinner at 7 o'clock.

（若孩子说："I eat it at middle of day." 可回应："Oh, in the middle of the day? I'm hungrier then than in the morning!"）

Is jianbing sweeter or saltier? I think our scones are much sweeter!

It's salty and a lot of people love it.

Ah, so it's more savory than our strawberry tarts! Last week I ate one that was too sugary for me.

（若孩子说："lot of people loves it." 可回应："Yes, a lot of people love it!

The salty taste is popular in my school too.")

　　Do you put meat in your jianbing or is it vegetarian?

　　……

提升英语写作能力的两种方法

※ 提供写作思路

　　许多孩子在英语写作时常常感到无从下手，缺乏思路，导致有的孩子失去信心，甚至对写作产生畏惧。作为家长，可能也为此感到焦虑，不知如何有效地帮助孩子突破这些瓶颈。现在，通过 AI 工具，孩子可以快速获得写作灵感，学习地道的表达方式。这种辅助既保留了孩子的创作自主性，又能通过互动式引导培养他们的英语思维，让写作从"任务"变成"有方法的探索"。

　　接下来将详细介绍如何利用 AI 工具为孩子打造个性化的英语写作支持系统。

　　下面是笔者在腾讯元宝里使用的提示词及得到的结果。

　　孩子目前上初一，正在学习用英语写三段式说明文，需要完成一篇介绍"我最喜欢的动物"的作文。请指导孩子如何组织三段式结构。请给出具体的内容框架示例，并重点提醒时态使用、避免重复用词、适当使用连接词等常见问题，最后给出两个生动的开头结尾范例供参考。

　　腾讯元宝的回复如下。

　　以下是针对"我最喜欢的动物"英语三段式说明文的写作指导方案，结合初一学生英语水平和考试要求设计。

　　一、三段式结构框架（总分总）

　　1. 开头段（Introduction）

　　核心任务：点明主题 + 整体印象

　　内容建议

　　使用感叹句 / 比喻句引出动物；

说明动物品种及初次见面场景；

用形容词概括整体印象（lovely, intelligent, loyal 等）。

例句参考

"If I had to choose the most amazing creature on earth, it would definitely be golden retrievers. The moment I met Buddy at the pet shelter three years ago, his wagging tail and warm brown eyes instantly stole my heart."

2. 主体段（Body）

核心任务：分角度描写＋具体事例

分层建议（每层 2 ～ 3 句）：

① 外貌特征：体型（size）、毛色（fur color）、五官（facial features）

技巧：用 with 结构串联特征

"With silky golden fur covering his strong body and a pair of ears that flop like soft velvet ribbons, Buddy always looks like a walking sunshine."

② 性格习性：日常行为（habits）、特殊技能（skills）、互动方式（interaction）

技巧：通过具体事例说明

……

※ 通过造句练习写作

写作是孩子表达想法、锻炼思维的重要方式，而造句练习正是提升写作能力的有效方法。通过简单的句子构造，孩子可以逐步掌握单词的运用、语法的规则，以及表达的流畅性，为日后更复杂的写作打下基础。

此外，造句练习不仅能帮助孩子积累单词、理解句子结构，还能激发他们的想象力，让语言表达更加生动有趣。

下面是笔者在腾讯元宝里使用的提示词及得到的结果。

> 孩子在英语造句练习中需要加强单词运用能力，请先随机列出 10 个适合初中生的核心单词，要求涵盖动词、形容词和名词，并列出相关的包含这些核心单词的事例作文。

腾讯元宝的回复如下。

> 以下是适合初中生的 10 个核心单词及包含这些单词的示例作文。

一、核心单词列表

词性	单词	词义
动词	achieve	实现
动词	protect	保护
动词	create	创造
形容词	confident	自信的
形容词	delicious	美味的
形容词	bright	明亮的；聪明的
名词	activity	活动
名词	decision	决定
名词	friendship	友谊
名词	environment	环境

二、示例作文：

标题：A Meaningful School Activity

Last week, our school organized an activity called "Protect the Environment". My classmates and I made a decision to join it.

First, we created colorful posters with bright designs to remind everyone to save energy. Some students drew pictures of trees and clean rivers, while others wrote slogans like "Small actions can achieve big changes".

During lunchtime, we shared delicious homemade cookies made from eco-friendly ingredients. Everyone smiled and thanked us, which made me feel more confident about our efforts.

In the afternoon, we cleaned the park near our school. We picked up litter and planted flowers. Through this activity, I realized that friendship grows stronger when we work together for a good cause.

This experience taught me that protecting the Earth is not just a duty but also a joyful journey.

......

口语提升的两种方法

※ 模拟真实的对话场景

尽管孩子们在学习英语的过程中有着强烈的口语实践需求，但是往往会遭遇一个共性难题：缺乏合适的英语口语练习伙伴。AI 的出现为缺乏英语口语练习伙伴的孩子开辟了一条全新的道路。通过模拟真实的对话、提供个性化教学、打破时空限制，成功解决了"无学习伙伴"的困境，让每一位渴望提升英语口语能力的孩子都能在便捷、高效、个性化的环境中，持续精进，畅享说英语的乐趣与成就感。

接下来通过文小言来模拟真实的对话场景。具体操作步骤如下。

（1）打开文小言 App，在"助手"界面上方选择"DeepSeek-R1 满血版"大模型，如下左图所示。

（2）点击下方的"发现"按钮，进入"发现"界面后，点击上方的"智能体"按钮，进入下右图所示的界面。

（3）选择"英语聊天搭子James"智能体，进入聊天界面，如下左图所示。

（4）单击下方文本框左侧的 📞 图标，进入语音通话界面，此时可以展开场景对话模式，笔者模拟了关于环境的情景对话，如下右图所示。

※ 纠正发音和语法问题

许多孩子在读写方面表现出色，但在口语表述上却存在困难。这种失衡的学习方式会在未来的大学学习中留下隐患。使用 AI 口语工具进行口语练习可以在实时互动练习中提高自己的表达能力。短期之内效果可能不太显著，但却可以潜移默化地提高自己的英语语感、增强自己的表达能力。无论是未来想要学习英语相关专业还是提高自己的考试成绩都有很大帮助。

接下来介绍如何通过 Hi Echo App 来互动式地学习英语，具体操作步骤如下。

（1）在手机应用商城中下载 Hi Echo App，注册并登录后，选择对话阶段和选择对话等级和目标，以便 AI 根据个人当前的学习阶段和英语水平，进行更好的交流，如下组图所示。

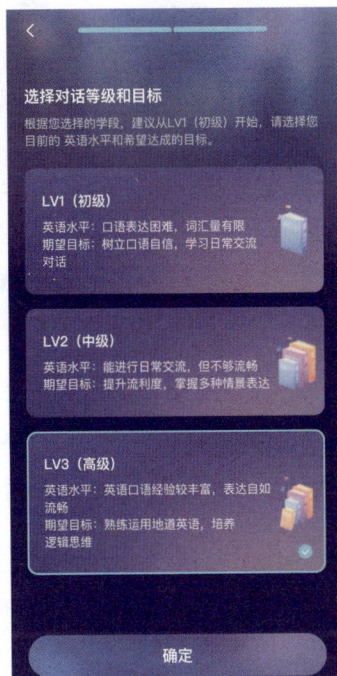

注意：一定要根据自身的实际情况进行选择，以便与 AI 更好地对话。

（2）接下来选择虚拟人口语教练。目前此软件中有 Echo、Daniel、Sherry、Hannah 四个口语教练，用户可根据个人喜好进行选择，这里选择了 Echo 教练进行对话，选择完教练后点击 Chat with Echo 按钮，即可开始对话，如下页左图所示。

（3）进入通话界面后，勾选右上方的 DeepSeek 图标，勾选后该图标出现对号标志，此时代表打开了 DeepSeek 对话模型，如下页右图所示。长按下方的"按住说话"按钮，即可进行对话发言。

（4）点击右侧的电话图标即可结束对话，对话结束后会生成对话报告，报告包括发音评分和语法评分，其中有 AI 润色、AI 建议、AI 发音纠错等方面的反馈。用户可以根据报告查缺补漏以便更好地学习和进步。笔者的对话报告如下左图所示。

（5）除此之外，Hi Echo 内有许多场景可供选择，也可以自定义场景，场景对话界面如下右图所示。

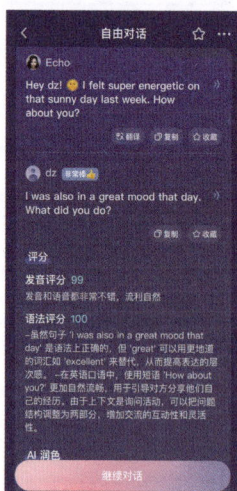

其他学科的 AI 学习方法

AI 除了能辅助语文、数学、英语等主科目的学习，也能辅助政治、物理、化学、生物等的学习。

通过预习三问学习物理新知识

在学习物理的过程中，预习是一个极为重要的环节，它能够帮助孩子在正式课堂学习前构建知识框架、发现问题，从而更高效地吸收新知识。然而，很多孩子并不清楚该如何有效地预习，常常只是走马观花式地浏览课本，难以深入理解知识。

"预习三问"法正是一种科学且实用的预习策略，通过询问是什么、为什么、怎么样这三个层次的问题，孩子能够系统地探索新知识，激发主动思考，培养自主学习的能力。借助 AI 运用这种方法进行物理预习，能让孩子在课堂上更加从容自信，为学好物理打下坚实的基础。

下图是笔者在腾讯元宝里使用的提示词及得到的部分结果。

> 明天将要学习压强公式，请使用预习三问法做一份笔记。

腾讯元宝的回复如下。

预习三问法笔记：压强公式

第一问：压强公式是什么？

1. 固体压强公式

- **公式**：$p = \dfrac{F}{S}$
  - p：压强（单位：帕斯卡，Pa）
  - F：垂直作用在物体表面的压力（单位：牛，N）
  - S：受力面积（单位：平方米，m²）
  - **适用场景**：适用于所有固体、液体和气体的压强计算 [1] [2] [9] 。
- **关键点**
  - 压力 F 不一定是物体的重力，只有当物体静止在水平面上且无其他外力时，$F = G$（重力）
  - 受力面积 S 是物体实际接触的面积，而非物体的表面积 [9] [10] 。

2. 液体压强公式

- **公式**：$p = \rho g h$
  - ρ：液体密度（单位：kg/m³）
  - g：重力加速度（约9.8 N/kg或10 N/kg）
  - h：液面下的深度（单位：米，m）
  - **适用场景**：仅适用于静止液体 1 5 9 。
- **关键点**：
  - 液体压强与液体的质量、体积、容器形状无关，仅由密度和深度决定 1 5 6 。
  - 深度 h 是从液面到被测点的竖直距离，而非容器高度 5 9 。

深入理解化学反应

　　化学反应是化学学科的核心内容，深入理解化学反应对于孩子们构建化学知识体系、培养科学思维至关重要。它不仅能帮助孩子解释生活中常见的化学现象，还为他们后续学习更复杂的化学知识奠定了基础。接下来通过 AI 学习化学反应的相关内容。

　　下面是笔者在腾讯元宝里使用的提示词及得到的结果。

　　请你以铜与浓硫酸在加热条件下反应产生刺激性气体二氧化硫为例，从电子转移的角度详细剖析氧化还原反应的本质，包括氧化剂、还原剂的判定，以及电子的转移方向和数目。

　　腾讯元宝的回复如下。

一、铜与浓硫酸反应的氧化还原本质剖析

1. 反应机理与电子转移

铜与浓硫酸在加热条件下的反应化学方程式为：

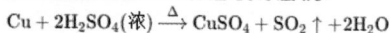

$$Cu + 2H_2SO_4(浓) \xrightarrow{\Delta} CuSO_4 + SO_2 \uparrow + 2H_2O$$

电子转移分析：

- **铜（Cu）**：化合价从0价升高到+2价（生成Cu^{2+}），每个铜原子失去2个电子，作为还原剂被氧化。
- **硫酸（H_2SO_4）**：硫元素从+6价（硫酸中的S）降低到+4价（SO_2中的S），每个硫原子得到2个电子，作为氧化剂被还原 1 2 3 。
  总电子转移数：每1 mol Cu失去2 mol电子，对应1 mol H_2SO_4中的S得到2 mol电子。

2. 氧化剂与还原剂的判定

- **氧化剂（浓硫酸）**：提供氧化能力，通过硫元素化合价降低接受电子。
- **还原剂（铜）**：自身被氧化，通过铜元素化合价升高释放电子 4 6 7 。

3. 反应本质的类比解释

氧化还原反应的本质是电子从还原剂（Cu）转移到氧化剂（H_2SO_4）的过程。这一过程类似于：

- **电池工作原理**：电子通过外电路从负极（还原剂）流向正极（氧化剂）。
- **能量交换**：电子转移伴随化学能的释放（如SO_2的生成与热量产生）[9] [10]。

将难记的历史知识点口诀化

在学习历史的过程中，孩子们常常因为年代久远、人物事件繁杂而感到枯燥难记，但通过将知识点编成朗朗上口的口诀，可以让历史的学习变得生动有趣，孩子们可以轻松掌握历史知识。口诀化记忆不仅能帮助孩子快速记住重要事件、人物和朝代更替，还能通过节奏和韵律激发学习兴趣，让知识像儿歌一样扎根脑海。

无论是背诵历史大事件的时间线，还是区分容易混淆的历史概念，口诀都能化繁为简，把零散的知识点串联成一条清晰的线索，让孩子在快乐中打好历史基础，培养对中华文化和世界文明的好奇心与探索欲。

下面是笔者在腾讯元宝里使用的提示词及得到的结果。

> 以"中国古代历史朝代顺序"为例，给出一个高效的口诀记忆诀窍。并对口诀中的每个朝代进行简单的解释说明，帮助快速记住中国古代历史朝代的先后顺序。

腾讯元宝的回复如下。

> 以下是一个高效且涵盖主要朝代的口诀记忆法，结合朝代特征和逻辑分组，可以帮助孩子们快速掌握中国古代历史顺序。
>
> 口诀记忆法
>
> 三皇五帝始，尧舜禹相传；
>
> 夏商与西周，东周分两段；
>
> 春秋和战国，一统秦两汉；
>
> 三分魏蜀吴，二晋前后延；
>
> 南北朝并立，隋唐五代传；
>
> 宋元明清后，皇朝至此完。

逐句解析与朝代说明

1.三皇五帝始，尧舜禹相传

三皇五帝：中国传说中的早期领袖，包括伏羲、神农、黄帝等，代表中华文明的起源。

尧舜禹：禅让制时期的贤君，禹建立夏朝，标志中国进入世袭制王朝时代。

2.夏商与西周，东周分两段

夏（约前 2070—前 1600 年）：中国首个世袭制王朝，以青铜器文明著称。

商（前 1600—前 1046 年）：甲骨文出现，青铜技术达到高峰，后期迁都殷（今安阳）。

西周（前 1046—前 771 年）：分封制确立，礼乐制度形成。

东周（前 770—前 256 年）：分为春秋（诸侯争霸）和战国（七雄混战）两段。

3.春秋和战国，一统秦两汉

秦（前 221—前 207 年）：秦始皇统一六国，建立中央集权制度，推行郡县制、统一文字货币。

汉（前 202—220 年）

西汉：汉武帝开拓疆域，丝绸之路开通；

东汉：光武帝复兴汉室，科技（造纸术）与文化（儒学）繁荣。

4.三分魏蜀吴，二晋前后延

三国（220—280 年）：魏（曹丕）、蜀（刘备）、吴（孙权）鼎立，赤壁之战奠定格局。

晋朝（265—420 年）

西晋：短暂统一后爆发八王之乱；

东晋：衣冠南渡，与北方十六国对峙。

……

第 5 章

为孩子构建强大实用的 AI 学习资料库

AI 知识库是什么

AI 知识库通过智能化地整合信息，能够高效地巩固已有知识体系并持续拓展知识边界。它利用自然语言处理和深度学习技术，将碎片化信息转化为结构化知识网络，帮助用户快速检索、精准匹配所需内容，同时通过智能推荐系统主动推送关联领域的新知，打破传统学习的时空限制。

AI 知识库还能构建知识图谱，揭示概念间的深层联系，促进跨领域的知识迁移，并通过持续学习机制动态更新内容，确保知识的时效性与准确性，从而在提升知识掌握深度的同时，系统性地拓宽认知维度。接下来具体讲解腾讯 ima 知识库的使用。

腾讯 ima 知识库是腾讯推出的一款 AI 智能工作台，集成了 DeepSeek-R1 等大模型技术，专注于知识管理与智能辅助。它支持多端同步（PC、小程序、手机端等），深度融合微信生态，可一键导入公众号文章、聊天文件等资源，并进行分类、打标签。核心功能包括智能问答（基于个人或共享知识库生成精准答案）、文档解析、AI 写作辅助，以及团队协作共享。其设计目标是成为使用者的"第二大脑"，帮助其高效地整合碎片化信息，尤其适合知识密集型场景。

能够上传至腾讯 ima 知识库的具体文件类型如下。

» 文件类：Word/PDF/Excel/PPT。

» 图片类：截图 / 照片 / 扫描件。

» 网络类：公众号文章 / 网页链接 / 微信收藏。

知识库对中小学生学习的作用

对于中小学生，ima 知识库能显著提升学习效率与知识管理能力。

首先，它支持错题整理与智能分析。学生可通过拍照或上传电子文档将错题存入知识库，AI 会标注错误类型并生成变式题，形成个性化学习闭环。

其次，在知识拓展方面，ima 能快速解析教材或课外资料。例如，上传一篇古文，学生可直接提出要求"翻译这段文言文"或"总结中心思想"，AI 会基于内容生成易懂的答案，节省查资料的时间。

此外，其"共享知识库"功能允许班级共建学科资源库，促进协作学习；而"智能写作"功能能辅助完成作文大纲、英语句子润色等任务，降低写作门槛。

最后，微信小程序的便捷性让学生能随时收藏优质内容（如网课截图、老师发的讲义），避免信息过载，逐步构建系统化的个人知识体系。

创建方法及注意事项

PC 端知识库的创建及上传文件的方法

※ 知识库的创建

（1）进入 PC 端腾讯 ima 知识库的首页，如下图所示。

（2）单击左侧的 ⚲ 按钮，即可进入知识库界面，如下页图所示，知识库分为"个人知识库"和"共享知识库"，前者只有用户自己能看到，后者可以选择公开，也可以选择私密。

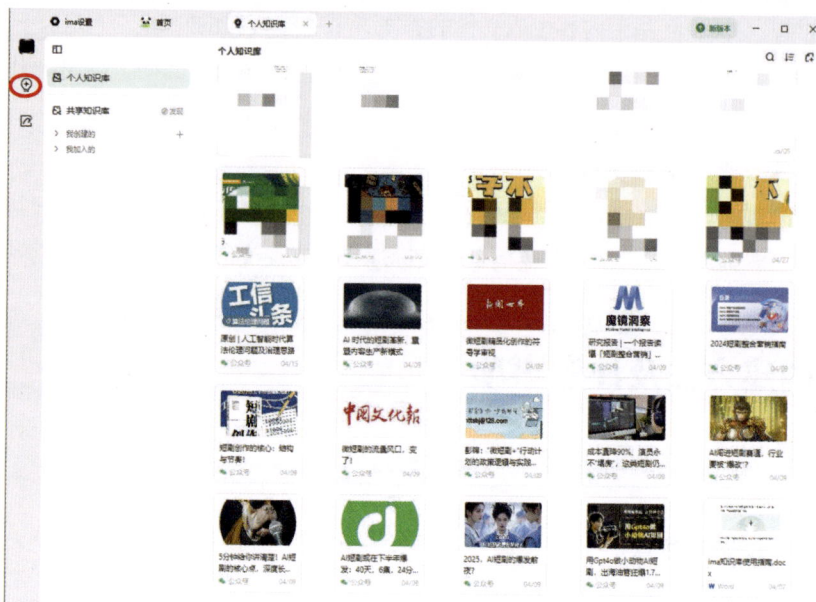

（3）单击"共享知识库"下"我创建的"右侧的 ✛ 按钮，即可创建知识库。如下左图所示。然后出现创建界面，如下右图所示。

（4）填写知识库相关的内容，单击下方的"确定"按钮，即可完成知识库的创建。创建完成后单击知识库，即可打开知识库。单击上方的 ⋯ 按钮，即可对知识库进行管理，如下页图所示。

（5）创建完成的知识库使用默认样式（可通过链接或二维码分享，但无法在广场上被发现），如果想要修改成"公开"或者"私密"的形式，可以单击"权限管理"按钮，进入如下图所示的界面进行更改即可。

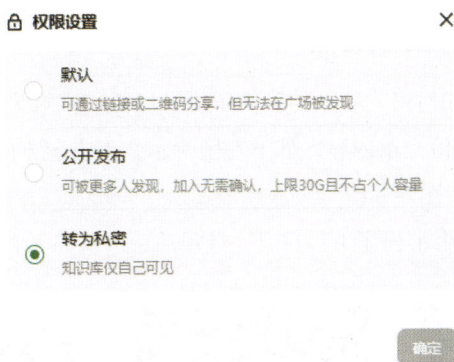

※ 上传文件的方法

单击知识库下方的 按钮，如下左图所示，可以上传文件，来源有"个人知识库"和"本地文件"两种方法，如下右图所示。选择具体的内容即可上传至知识库。

单击知识库空白部分，出现"创建文件夹"菜单，如下页图所示，可以创建文件夹将知识库中的内容进行分类。

手机端上传微信文章的方法

接下来讲解如何将内容上传到知识库，以微信文章为例。

（1）打开微信文章内容，如下左图所示，点击上方的■■按钮，出现分享界面，如下中图所示。

（2）选择"用小程序工具打开"选项后，进入如下右图所示的界面。

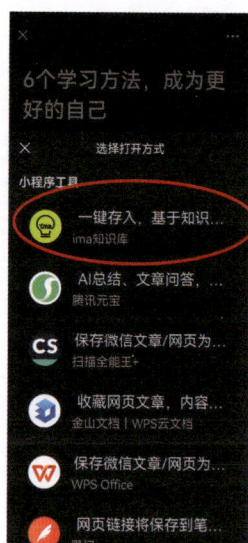

（3）在小程序工具中选择"ima 知识库"，进入如下页左图所示的界面。

（4）选择指定的知识库将文章导入。这里选择的是"家庭学习灵感及素材库"，导入文章的过程如下中图所示。导入完成后的界面如下右图所示。

知识库的使用技巧

创建学习思路及技巧库

创建学习思路及技巧库不仅能快速地为孩子答疑解惑，还能通过模糊查询精准定位所需内容，让学习更轻松。与普通搜索不同，库里的知识都是经过严格筛选的，确保信息准确和实用。通过"问问"功能，孩子可以直接向知识库提问，系统会基于筛选后的内容生成答案，从而杜绝大模型常见的"幻觉"问题，确保答案的可信性。无论是整理课堂笔记、归纳错题，还是拓展课外知识，ima 知识库都能成为孩子的"第二大脑"，让学习更高效、更可靠。

以下是学习思路及技巧库的具体使用方法。

（1）选择指定的知识库，这里选择了"家庭学习灵感及素材库"。点击下方的 ⑨ 按钮，可以选择"问全网"或者"问知识库"，如下页左图所示。

（2）在下方的文本框中可以选择具体的模型来回答问题。目前，有 Hunyuan、Hunyuan T1、DeepSeek V3、DeepSeek R1 共 4 种模型，如下右图所示。

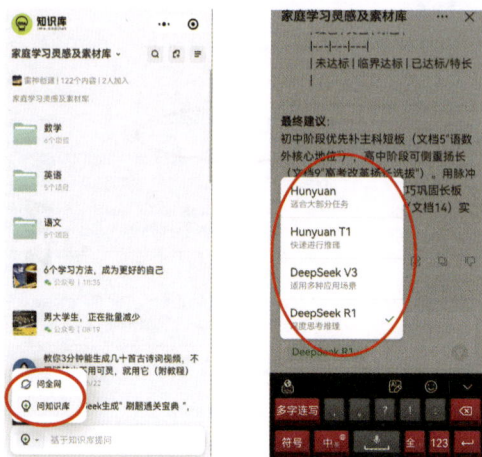

（3）这里选择 DeepSeek V3 模型，在下方输入提示词指令"使用 AI 帮助孩子学习优点和缺点"，基于知识库得到的回答如下左图所示。

（4）除此之外，打开知识库中指定的文章内容，如下中图所示，点击右上方的 🐼 按钮，进入如下右图所示的界面，在此界面可以对文章内容进行全文总结或者生成思维导图。

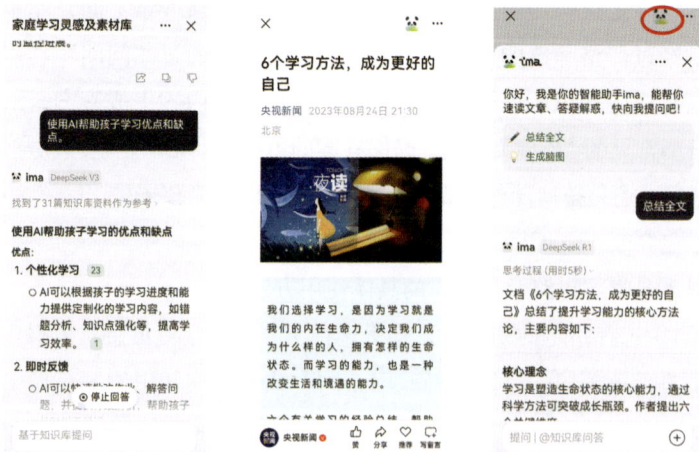

创建各科电子课本库

为孩子打造一个专属的电子课本库，系统化地整理各学科教材，将其分类存储，可以让孩子能够快速找到所需的学习资料。无论是预习、复习还是拓展知识，都能随时调取最新、最准确的电子教材，让学习更高效、更便捷。

通过规范的分类和动态更新，确保孩子使用的教材始终与时俱进，同时支持家庭内部的知识共享与协作，让学习资源得到充分利用。接下来讲解创建各科电子课本库的具体作用。

※ 随机查询知识点

有了电子课本库，孩子可以随时查阅、反复使用学习资料，家长也能更轻松地辅助孩子规划学习，提升整体学习效果，为未来的成长打下坚实的基础，如下图所示。

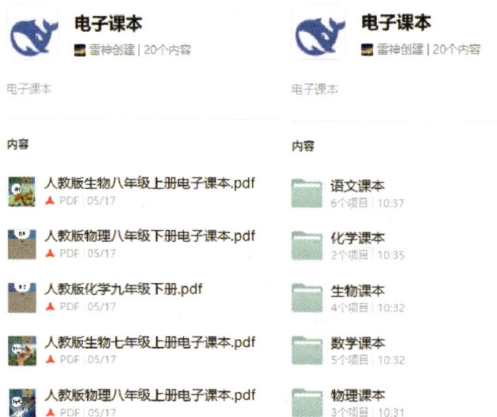

※ 归纳并制作思维导图

在知识库中通过列思维导图的方式将复杂的信息结构化，帮助孩子更高效地整理、理解和记忆知识要点，同时促进发散性思维和逻辑关联的建立，从而提升学习效率、优化知识管理，具体操作如下。

（1）在知识库中双击具体的文件名字，出现具体的文件内容。例如，打开人教版七年级下册的语文电子课本，如下图所示。

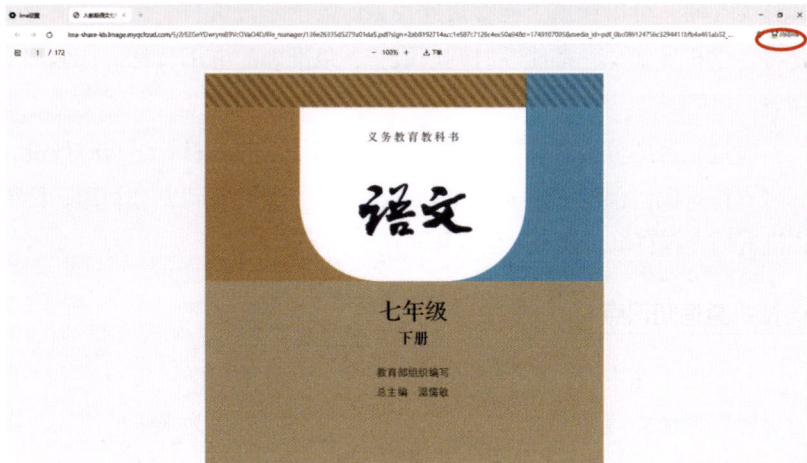

（2）单击右上方的"问问 ima"按钮，进入如下图所示的提问界面。

（3）在下方的文本框中输入相关指令，这里输入的指令如下。

请为宗璞的散文《紫藤萝瀑布》生成一份结构化的思维导图，要求包含以下内容：1.核心主题，概括文章的中心思想。2.段落层次分析：按文章顺序划分逻辑段落，以及每部分的关键事件、描写手法（比喻 / 拟人等）、情感变化。3. 写作手法。4. 情感脉络。5. 语言特色。

选择 Hunyuan 模型（在此注意一下，一定要使用 Hunyuan 类模型，否则不会出现此效果模型）。单击右侧的 ● 按钮，即可生成思维导图，生成的内容如下图所示。

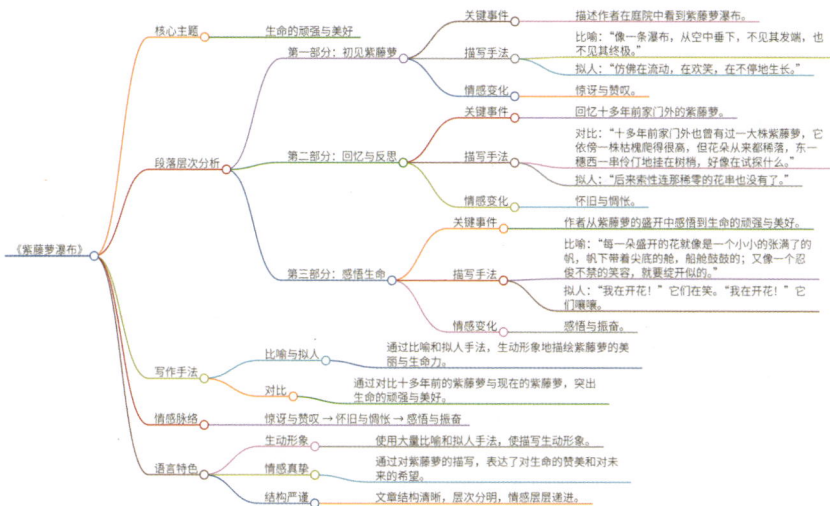

除此之外，还可以创建其他科目的知识思维导图，如下图所示。

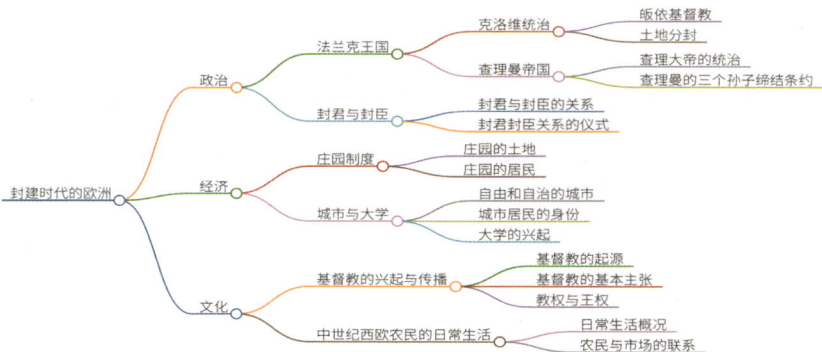

※ 日常聊天式学习

其实，许多中学的知识并不完全需要在课堂中才能掌握，例如数学中的比例计算或历史中的朝代更迭，可以通过聊天的方法轻松融入日常生活——家长通过散步时讨论树叶的几何形状、用餐时提问"为什么筷子是杠杆"，将抽象的知识无痕转化为具象体验。但是，如果没有规划则聊天内容容易偏离核心，比如反复探讨恐龙却不谈地质演变，会遗漏许多知识。因此，可以借助知识库的学科框架提前规划话题链，确保闲聊既能激发孩子的兴趣，又能系统覆盖关键概念，让学习像呼吸一样自然而不失完整。

下面是笔者在 ima 知识库里使用的提示词及得到的结果。

我准备这两个月跟孩子聊天的时候把历史七年级的知识融入到聊天的话题里，请列一个计划表，一列是聊天的话题，另一列是对应的知识点，要注意的是这些话题不能是非常直接的知识点，需要不着痕迹地加入这些知识点。

腾讯元宝的相关回复如下。

ima DeepSeek V3

找到了12篇知识库资料作为参考 ⌄

以下是一个为期2个月的历史七年级知识点融入日常聊天的计划表，话题设计自然生活化，知识点融入不露痕迹。

第一周：古代文明起源

聊天话题	对应知识点
"你看《疯狂原始人》动画时，有没有想过原始人是怎么发明工具的？"	石器时代人类生活（历史7上：原始社会）
"今天路上看到有人用陶罐插花，这种容器古人是不是也用过？"	新石器时代陶器制作（历史7上：半坡、河姆渡文化）

第二周：大河文明

聊天话题	对应知识点
"最近总下雨，你说古代人遇到洪水会怎么办？"	大禹治水与早期国家形成（历史7上：夏朝建立）

第三周：春秋战国

聊天话题	对应知识点
"你们班同学吵架时，会不会有人像孔子一样劝和？"	孔子与儒家思想（历史7上：百家争鸣）
"玩《王者荣耀》的战国英雄，真实历史里他们用什么武器？"	战国七雄与铁器使用（历史7上：铁农具推广）

第四周：秦汉帝国

聊天话题	对应知识点
"如果让你像秦始皇一样统一全班班规，你会怎么做？"	秦始皇中央集权（历史7上：郡县制、书同文）
"快递这么快，汉朝张骞出使西域要走多久？"	丝绸之路与西域开发（历史7上：张骞通西域）

第五周：三国两晋南北朝

聊天话题	对应知识点
"你喜欢的《三国杀》角色，历史上真这么厉害吗？"	三国鼎立与著名战役（历史7上：赤壁之战）
"北方人爱吃面食，南方人爱吃米饭，这种差异从什么时候开始的？"	江南开发与经济重心南移（历史7上：南北朝农业）

创建各科错题库

对孩子来说，错题本是一种高效的学习工具，能够帮助孩子系统地整理知识漏洞、强化薄弱环节并避免重复犯错；而在 AI 学习时代，可以将这种传统方法优化升级为智能错题库——通过 AI 技术归类错题、分析错误模式、推送有针对性的练习，甚至结合大数据生成个性化学习路径，从而显著提升学习效率，使纠错过程从被动记录转变为动态化、精准化的主动学习闭环。错题库的具体作用有以下几点。

» 它能够帮助孩子系统地收集和整理日常学习中的错误，通过分类归纳错题类型、分析错误原因并标注相关知识点，使孩子更清晰地认识自身的薄弱环节，从而有针对性地进行查漏补缺。

» 错题库的建立促使孩子养成反思的习惯，通过定期复习错题、对比正误解法，强化对易错知识点的理解和记忆，有效降低重复犯错率。

» 错题库还能作为个性化的学习资源库，孩子通过 AI 的智能分析功能（如变式题生成、复习计划提醒等），可以提升学习效率，

» 错题库便于家长跟踪孩子的学习进展，长期积累的错题库能帮助孩子形成结构化知识网络，在考试前快速聚焦重点和难点，实现高效复习，最终达到巩固基础、提升学科素养的目的。

※ 创建错题库的方法

创建错题库需要将之前错的每一道题拍照上传至对应的学科错题文件夹中，如下图所示。

※ 使用错题库汇总错题类型

针对错题库的内容进行提问，我们可以汇总错题类型。比如，输入了"汇总关于圆面积的题目"的文本提示词指令，得到的汇总结果如下图所示。

汇总关于圆面积的题目

ima DeepSeek V3

找到了7篇知识库资料作为参考 ∨

数学试卷中关于圆面积的题目汇总
根据提供的文档内容，涉及**圆面积**的题目如下：

1. **题目**（《QQ20250520-112951.jpg》）：
   - **内容**：用同样长的铁丝围成一个正方形和一个圆，它们的面积相比，（）。 2
   - **选项**：A. 圆大 B. 正方形大 C. 一样大 D. 不确定
   - **考点**：相同周长下，圆的面积大于正方形。
2. **题目**（《QQ20250520-113031.jpg》）：
   - **内容**：把一个圆的半径扩大到原来的2倍，它的面积将扩大到原来的（）倍。 7
   - **选项**：A. 2 B. 4 C. 3 D. 9
   - **考点**：圆面积公式 $S = \pi r^2$，半径扩大2倍，面积扩大 $2^2 = 4$ 倍。 7

※ 利用错题库进行错误分析

　　针对错题库的内容进行提问，可以提取具体的错误分析。比如，输入"关于数学科目中的求面积的错误都有哪些类型"的文本提示词指令，得到的汇总结果如下图所示。

关于数学科目中的求面积的错误都有哪些类型

ima DeepSeek V3

找到了5篇知识库资料作为参考 ⌄

根据提供的**文档内容**，试卷中涉及的几何图形面积题目主要包含**圆、矩形、长方体、圆锥**等，结合常见学生错误类型，总结如下：

几何图形求面积的常见错误类型
1. 圆面积相关错误
- **错误类型①：半径变化对面积的影响计算错误**
  - **示例：**题目《QQ20250520-113031.jpg》中，误认为半径扩大2倍后面积也扩大2倍（正确答案应为4倍）。
  - **原因：**混淆圆面积公式 $S = \pi r^2$ 中半径与面积的平方关系。
- **错误类型②：相同周长下图形面积比较错误**
  - **示例：**题目《QQ20250520-112951.jpg》中，误认为周长相同的圆和正方形面积相同（正确答案为圆更大）。
  - **原因：**未掌握"固定周长下，圆的面积最大"这一结论。
2. 矩形与扇形组合图形错误

※ 针对易错点强调练习错题

　　针对错题库的内容进行提问，可以针对错题出相关变式题。比如，输入"针对出错的圆面积的题目再出 5 道类似的小学生题目，答案及解释统一放在后面"的文本提示词指令，得到的题目如下图所示。

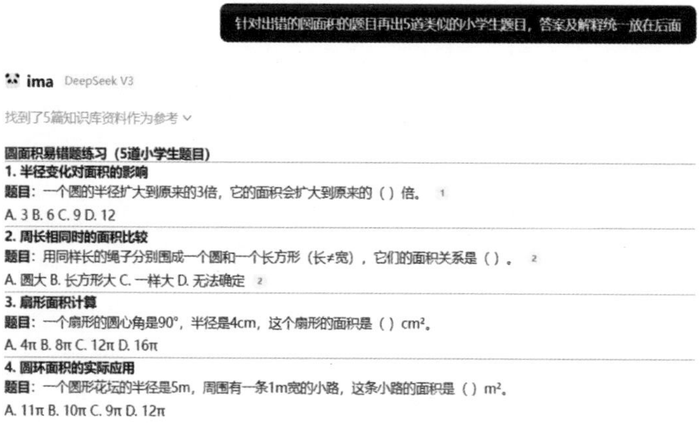

针对出错的圆面积的题目再出5道类似的小学生题目，答案及解释统一放在后面

ima DeepSeek V3

找到了5篇知识库资料作为参考 ⌄

圆面积易错题练习（5道小学生题目）
1. 半径变化对面积的影响
题目：一个圆的半径扩大到原来的3倍，它的面积会扩大到原来的（ ）倍。
A. 3 B. 6 C. 9 D. 12
2. 周长相同时的面积比较
题目：用同样长的绳子分别围成一个圆和一个长方形（长≠宽），它们的面积关系是（ ）。
A. 圆大 B. 长方形大 C. 一样大 D. 无法确定
3. 扇形面积计算
题目：一个扇形的圆心角是90°，半径是4cm，这个扇形的面积是（ ）cm²。
A. 4π B. 8π C. 12π D. 16π
4. 圆环面积的实际应用
题目：一个圆形花坛的半径是5m，周围有一条1m宽的小路，这条小路的面积是（ ）m²。
A. 11π B. 10π C. 9π D. 12π

※ 错题库的局限性

虽然错题库在帮助孩子整理和复习错题方面具有诸多优点和功能，例如提高学习效率、强化薄弱知识点等，但是我们也要认识到其存在一定的局限性。

尤其是在物理、化学、数学等学科中，许多题目涉及复杂的图形、公式或实验示意图，而在当前的技术条件下，错题库系统对这些非纯文本内容的识别、提取和分析能力仍显不足，可能导致关键解题信息丢失或呈现不完整。

因此，目前的错题库更适合处理纯文字类题目（如文科客观题或简答题），而对于依赖图形、符号或特殊格式的题目，其应用效果仍受到较大限制，需要进一步的技术突破和功能优化。

第 6 章

用 AI 培养孩子的
创造力

用 AI 提高绘画创作效率

激发绘制黑板报的创意灵感

黑板报是校园文化的重要载体，常用于展示各类活动、成果及节日主题等。传统的黑板报绘制需要耗费大量时间和精力在排版、绘画与书写上，且最终效果差异较大。而 AI 可快速生成精美的黑板报模板，提供丰富多样的布局和设计元素，孩子只需进行简单的调整与内容填充，就能轻松完成高质量的黑板报制作。

接下来通过即梦 AI 这个平台来绘制一幅黑板报，具体操作如下。

（1）打开即梦 AI，单击首页"AI 作图"里的"图片生成"按钮，进入图片生成界面，即梦 AI 已经接入了 DeepSeek R1，在写文本提示词时可以借助此功能进行撰写。比如，在文本框中输入"粉笔画效果，绘制一幅黑板报，黑板报的主题是'2025 向阳而生'，右上角写有'心理健康'，黑板报左侧用粉笔手绘一只黄色的小鸟和绿叶，右侧则绘制了多朵盛开的向日葵和其他花卉，色彩鲜艳，充满生机。画面中央部分写有一段文字。"

》需要注意的是，在输入提示词时，要想在生成的画面中增强文字效果，需要单击提示词输入框下方的"文字效果增强"图标 T，如下左图所示，之后会出现一对双引号，如下右图所示，此时只需将需要增强的文字输入进去即可，第一步中的"2025 向阳而生"和"心理健康"都是按照此方法进行输入的。

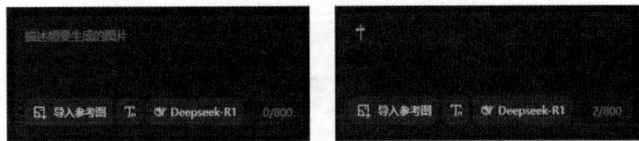

（2）选择生图模型。打开生图模型列表，选择"图片 2.1"作为生图模型，如下页左图所示。

（3）"精细度"保持默认参数 5，"图片比例"选择 3 : 2，如下页右图所示。

（4）单击下方的"立即生成"按钮，即可生成 4 张相关的图片，生成效果如下图所示。

» 生成的图片具有随机性，若生成的效果不符合预期，属于正常情况，此时可以选择进行多次尝试，或者更换关键词。若对生成的效果大体满意，可在图片未达到预期效果的地方进行细节上的处理。如对图片进行细节修复或局部重绘，这些知识会在下文进行详细的介绍。

（5）在生成的四幅图片中，第四幅图片较为符合预期，但"向阳而生"的"向"字出现了错误，接下来对错误的地方进行修改。

（6）将鼠标指针移动到第四幅图片上，此时发现在图片下方出现一行工具栏，如下左图所示，单击工具栏中的"消除笔"图标 ，弹出如下右图所示的界面。

（7）点击左下方的"画笔"图标 ✏，长按鼠标左键对错误的地方进行涂抹，如下左图所示。

（8）单击"立即生成"按钮，即可得到如下右图所示的消除错误后的效果。

（9）对图片进行超清处理，将鼠标指针移动到刚刚生成的图片上，之后单击图片下方工具栏中的 HD 图标 HD，如下左图所示，即可得到一张超清的图片，如下右图所示。

（10）对图片进行下载。在进行超清处理的图片上单击鼠标右键，在弹出的快捷菜单中单击"下载图片"，即可对当前图片进行下载。

» 孩子可根据生成的黑板报样式来完成现实中黑板报的绘制，对于其中的具体文字信息，大家可根据需求自行更换。

快速绘制草图

草图是绘画创作的关键，快速准确地绘制草图对于提升绘画效率至关重要。AI 具备快速生成草图的能力，它能依据输入的简单描述或关键词，瞬间生成多个不同风格和角度的草图方案。这不仅能让孩子在短时间内获取更多创作思路，还能使其从烦琐的草图绘制中解脱出来，将更多精力投入到后续的细节刻画和色彩填充等重要环节，进而提高整体绘画创作的效率和质量。

接下来通过即梦 AI 这个平台来绘制一幅布老虎的草图，具体操作如下。

（1）打开即梦 AI，单击首页"AI 作图"里的"图片生成"按钮，进入图片生成界面，在文本框中输入"绘制一幅布老虎的草图。布老虎整体造型夸张可爱，身体圆润饱满，头部较大，眼睛灵动有神，嘴巴大张露出小虎牙，耳朵竖起呈三角形。它的身体上有传统图案，如云纹、回纹等，四肢短粗有力，尾巴粗壮卷曲。草图线条简洁流畅，以勾勒出布老虎的轮廓和主要特征为主，无须上色，背景是简单的白色"。

（2）选择生图模型。打开生图模型列表，选择"图片 2.1"作为生图模型，如下左图所示。

（3）"精细度"保持默认参数 5，"图片比例"选择 4∶3，如下右图所示。

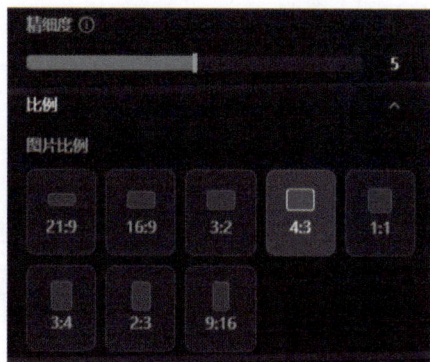

（4）单击下方的"立即生成"按钮，即可生成 4 张相关的图片，生成效果如下页图所示。

（5）在刚刚生成的图片中，第一幅图片达到了预期效果，将鼠标指针移动到第一幅图片上，此时在图片下方出现一个工具栏，如下图所示。

（6）单击图片下方工具栏中的 HD 图标 HD，即可得到一张超清的图片，如下图所示。

（7）对图片进行下载。在进行超清处理的图片上单击鼠标右键，在弹出的快捷菜单中单击"下载图片"，即可下载当前图片。

体验不同的艺术风格

艺术风格丰富多样，每种风格都有其独特魅力和特点。孩子在学习绘画的过程中，了解和体验不同艺术风格有助于拓宽视野、丰富创作思路。但传统的学习方式可能无法让孩子全面、深入地体验各种艺术风格。借助 AI，孩子可以轻松地体验不同的艺术风格，AI 能将孩子的绘画作品转换为油画、水彩画、漫画等多种风格，让孩子直观地感受不同风格的差异和魅力，激发其对不同艺术风格的兴趣和探索欲望。

接下来使用同一组提示词进行绘画，唯一的变化是提示词中关于艺术风格的描述。下面以豆包这个平台为例来进行具体的讲解，具体操作步骤如下。

（1）打开并登录豆包的官方网址，进入如下左图所示的界面，单击左侧的"图像生成"按钮，进入图像生成界面，如下右图所示。

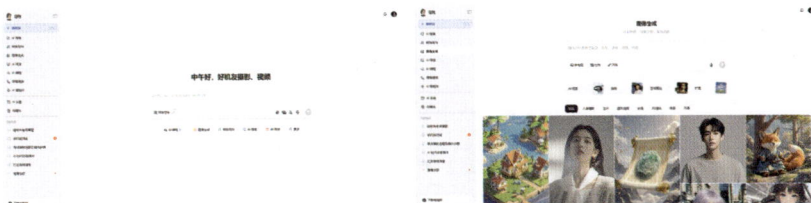

（2）在提示词文本框中输入"像素风格，绘制一幅以'梦幻海底探险'为主题的图片，穿着潜水装备的少年，穿梭于珊瑚礁之间，周围游动着各种奇异的鱼类，神秘氛围感"。然后单击文本框下方的"比例"按钮，在弹出的列表中选择 2∶3，如下页左图所示，接着单击文本框下方的"风格"按钮，在弹出的列表中选择"像素风格"，如下页右图所示。

比例

☐ 1:1 正方形，头像

☐ 2:3 社交媒体，自拍 ✓

☐ 4:3 文章配图，插画

☐ 9:16 手机壁纸，人像

☐ 16:9 桌面壁纸，风景

卡通

平面插画

风景

港风动漫

像素风格 ✓

荧光绘画

彩铅画

（3）单击提示词文本框右下角的"发送"按钮 ↑，即可得到如下图所示的效果。

（4）按照同样的方法，选择素描风格和传统绘画风格，得到的效果如下图所示。

（5）除此之外，也可以使用其他 AI 绘画平台，使用通用提示词"绘制一幅画，风景，笔触明显，轻舟已过万重山"，绘制另一组不同风格的图片，如下图所示分别是油画风格、水墨风格和水彩风格。

用 AI 将课文生成创意视频

在日常学习中，孩子会接触到各种课文，这些课文包含丰富的知识和精彩故事，但仅通过阅读文字来理解可能会觉得枯燥。借助 AI 可将课文转化为生动有趣的视频，只需将课文内容转换成脚本，AI 就能自动生成对应的视频画面，并配上合适的音乐和声音效果，让课文内容更直观、有趣，帮助孩子更好地理解和记忆。

接下来通过 MOKI 平台将课本中蒲松龄的《狼》这篇文言文制作成视频，具体操作步骤如下。

（1）首先用 DeepSeek 为《狼》这篇文言文制作分镜头脚本。打开 DeepSeek 官方平台，在 DeepSeek 的文本框中输入文本提示词，这里输入的文本提示词如下。

一屠晚归，担中肉尽，止有剩骨。途中两狼，缀行甚远。屠惧，投以骨。一狼得骨止，一狼仍从。复投之，后狼止而前狼又至。骨已尽矣。而两狼之并驱如故。屠大窘，恐前后受其敌。顾野有麦场，场主积薪其中，苫蔽成丘。屠乃奔倚其下，弛担持刀。狼不敢前，眈眈相向。少时，一狼径，其一犬坐于前。久之，目似瞑，意暇甚。屠暴起，以刀劈狼首，又数刀毙之。方欲行，转视积薪后，一狼洞其中，意将隧入以攻其后也。身已半入，止露尻尾。屠自后断其股，亦毙之。乃悟前狼假寐，盖以诱敌。狼亦黠矣，而顷刻两毙，禽兽之变诈几何哉？止增笑耳。将以上《狼》这篇文言文修改成分镜头脚本，每个镜头描述不超过60字。

（2）AI 生成的分镜头脚本如下图所示。

镜号	景别	时长	画面	台词	音效
1	远景	5s	傍晚，屠夫担着只剩骨头的担子回家，两只狼在后面远远跟着。	无	脚步声、狼叫声
2	中景	6s	屠夫害怕，扔骨头，一只狼停下，另一只仍跟着，再扔，情况依旧。	屠惧，投以骨。	扔骨头声、狼叫声
3	近景	5s	骨头扔完，两狼继续一起追，屠夫很窘迫。	骨已尽矣。而两狼之并驱如故。屠大窘。	紧张的心跳声、狼叫声
4	全景	6s	屠夫看到麦场积薪，跑过去倚靠，放下担子持刀。	顾野有麦场……弛担持刀。	跑步声
5	特写	5s	狼不敢上前，凶狠地盯着屠夫。	狼不敢前，眈眈相向。	低沉的狼吼声
6	中景	7s	一只狼离开，另一只像狗一样坐在前面，闭眼很悠闲。	少时，一狼径去，其一犬坐于前。久之，目似瞑，意暇甚。	安静氛围音
7	特写	6s	屠夫突然跳起，用刀劈死面前的狼。	屠暴起，以刀劈狼首，又数刀毙之。	刀砍声
8	中景	7s	屠夫转身看到另一只狼在积薪后打洞，砍断它的后腿将其杀死。	转视积薪后……亦毙之。	刀砍声、狼叫声
9	中景	8s	屠夫醒悟前狼假寐是诱敌，感慨狼再狡猾也。	乃悟前狼假寐……止增笑耳。	轻松的叹息声

（3）接下来通过生成的分镜头脚本生成视频。打开 MOKI 官方平台，

进入 MOKI 首页。

（4）在 MOKI 首页可以看出，MOKI 平台已经接入了 DeepSeek，如果对故事内容仅有大概方向，可以用 MOKI 平台内置的 DeepSeek 来生成分镜头脚本。因为本例指定使用课文内容并生成分镜头脚本，所以直接单击 MOKI 首页右上方"已有脚本创作"中的"开始创作"按钮，进入下图所示的界面。

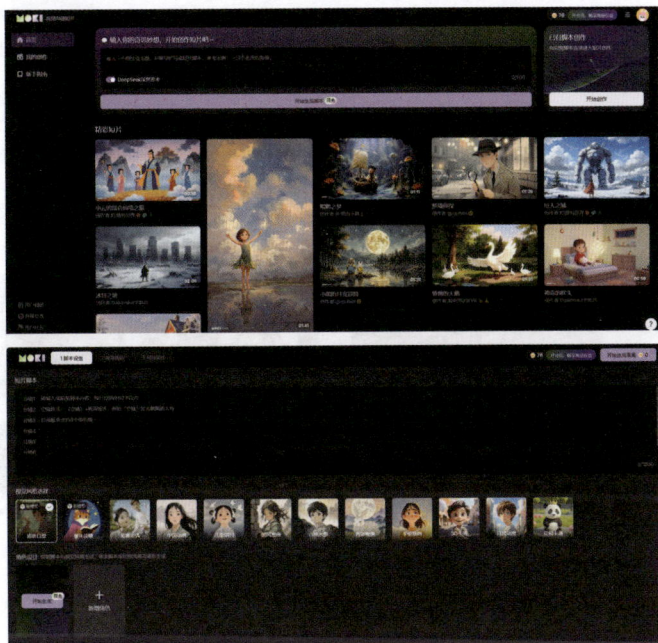

（5）复制此前 DeepSeek 生成的分镜头脚本，依次粘贴到"短片脚本"中，如下图所示。

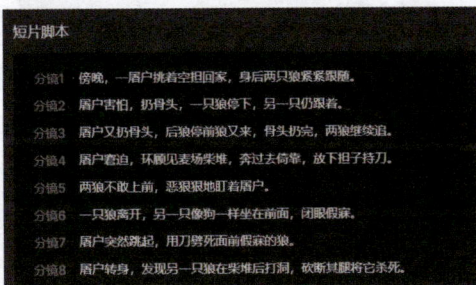

（6）将视觉风格设置为"童年读物"，如下图所示。

（7）单击"角色设计"下方的"开始生成"按钮，即可生成故事中的角色形象，AI 只识别出了故事中屠户的形象，并没有识别出两只狼的角色，如下左图所示。

（8）单击下方的"新增角色"按钮，进入角色生成界面，如下右图所示。

（9）新角色的生成有两种方式，一种是通过角色库生成，另一种是使用 AI 生成。由于角色库中没有关于狼的形象，因此选择"AI 生成角色"选项卡，其生图界面如下图所示。

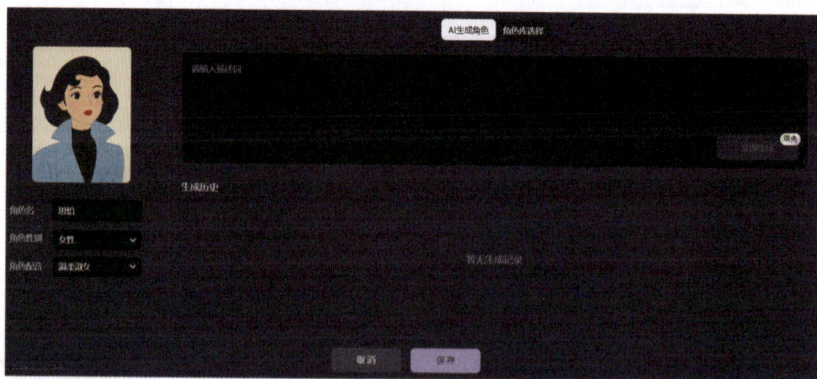

（10）在文本框中输入相关的提示词，首先生成"假寐狼（假装睡觉的狼）"的形象，在文本框中输入的文本提示词为"毛发杂乱的灰狼，半闭眼假寐姿态，前肢放松微曲，尾巴自然垂落，嘴角微扬似带狡黠，黄昏光线从侧后方投射，营造明暗对比，背景为枯草麦场与柴堆"。单击文本框右侧的"立即生成"按钮，即可生成相关的图像，生成的效果如下图所示。

（11）选择喜欢的角色形象，并在左侧为其选择合适的角色名、性别、配音，如下左图所示。

（12）按照以上方法生成另一只狼（打洞狼）的角色形象，如下右图所示。

（13）对屠户的形象进一步的优化，最终确定的三个故事角色如下图所示。

（14）单击右上方的"开始生成画面"按钮，即可生成关于分镜头脚本的画面，如下图所示。

（15）左侧是分镜头的最终呈现画面，在右侧的编辑区域，修改文本框中的画面描述内容，并单击下方的"重新生成"按钮，即可对分镜画面进行修改，新生成的画面会在下方呈现。分镜 6 的画面如下页图所示。

（16）确定画面之后，单击画面下方的旁白文字，右侧会出现对画面台词的修改界面，如下左图所示。

（17）确定配音后，开始生成视频画面，在右上方可以选择生成视频的模型，MOKI 一共有 3 种模型，如下右图所示。

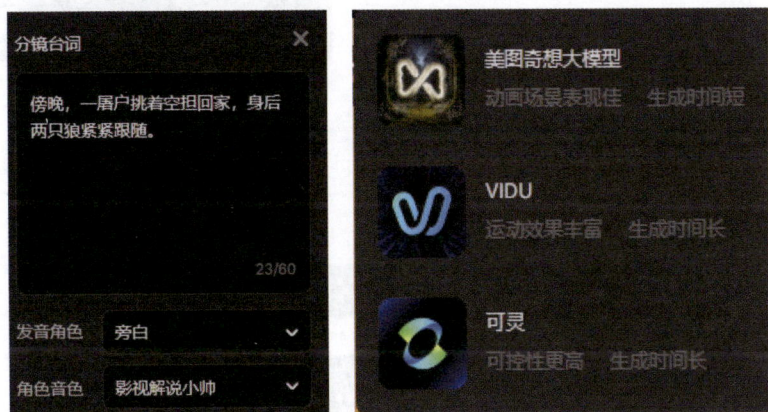

第一种是美图奇想大模型，这种模型的优点是动画场景表现佳，生成时长较短。

第二种是 VIDU 大模型，这个模型的运动效果丰富，但是用时较长。

第三种是可灵大模型，这个模型生成的视频可控性较高，但是生成的时间较长。

（18）这里选择可灵大模型，单击上方的"开始生成视频"按钮，即可生成视频，如下页图所示。

（19）在界面左侧可以选择视频的背景音乐，单击下方音乐所在的音频轨道，即可在界面右侧调整音量大小，并开启"淡入淡出"效果，如右图所示。

（20）单击画面轨道，即可在界面中再次生成视频画面，如下左图所示。

（21）单击"AI 运镜"按钮，即可选择对应的运镜方式及运镜速度，如下右图所示。

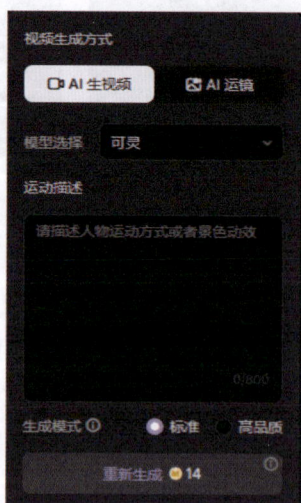

（22）单击配音音频轨道，即可在右侧给故事重新配音，如下左图所示。

（23）单击文字轨道，即可对字母样式进行修改，具体如下中图和下右图所示。

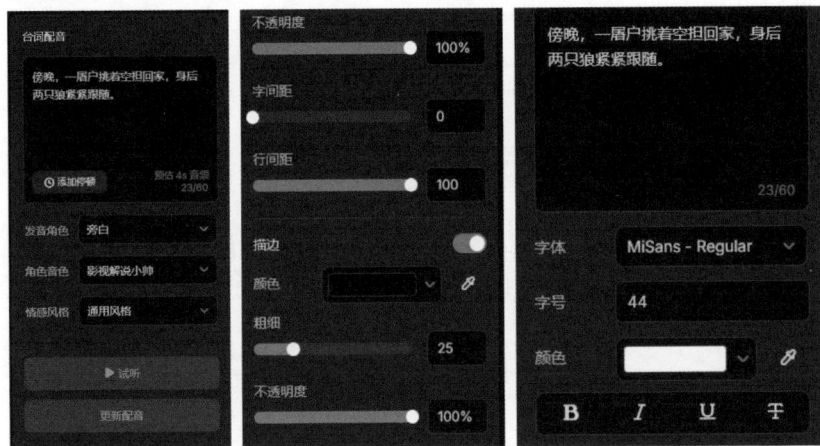

（24）单击右上方的"导出"按钮，即可导出故事内容。

用 AI 快速创作音乐

创作个性化班级歌曲

在校园生活里，班级歌曲是极具凝聚力和纪念价值的创作内容。它能展现班级的独特风貌与精神内涵，常用于各类班级活动、文艺汇演，是班级文化的重要组成部分。过去，创作班级歌曲往往需要专业的音乐知识，耗费大量时间和精力。但随着 AI 技术的发展，这一过程变得简单、高效。AI 可依据输入的主题、风格等要求，快速生成旋律和编曲，助力孩子更专注于歌词创作和情感表达，轻松实现班级歌曲的个性化定制。

（1）因为本例要创作一首班级歌曲，所以先要生成歌曲的歌词部分。打开腾讯元宝官网，进入腾讯元宝的默认对话页面，在文本输入框中将大模型切换为 DeepSeek，并开启"深度思考（R1）"功能。

（2）班级歌曲要体现班级名称，首先要告诉 DeepSeek 班级名称，这样 DeepSeek 才能为我们量身打造一首歌曲。这里输入的文字指令为"我是一名六年级小学生，我在六年级二班，请为我们的班级写一首班歌"，如下图所示。

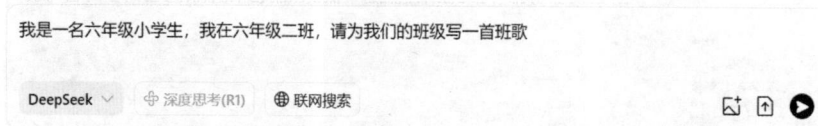

我是一名六年级小学生，我在六年级二班，请为我们的班级写一首班歌

DeepSeek ∨　⊕ 深度思考(R1)　⊕ 联网搜索　　　　　　　　　🖼 🗗 ▶

（3）单击 ▶ 按钮，DeepSeek 经过深度思考后便会输出歌曲的歌词内容，部分输出内容如下图所示。

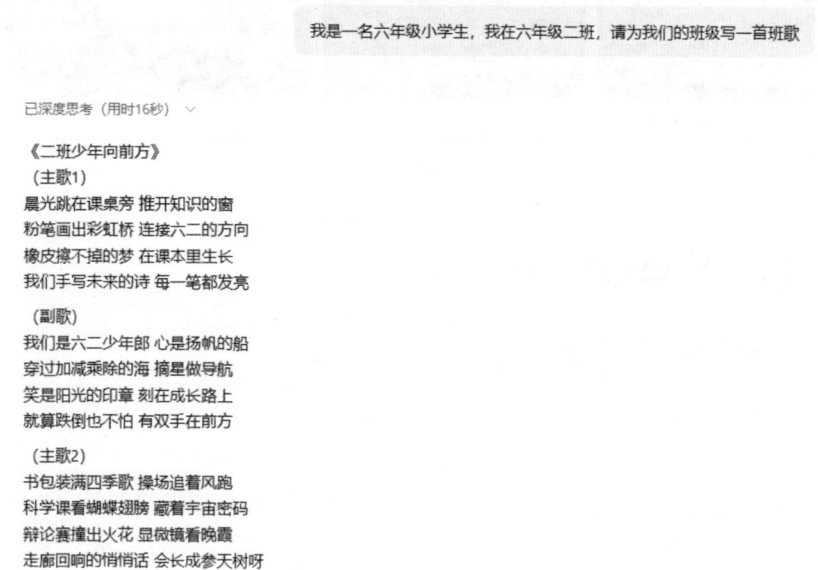

我是一名六年级小学生，我在六年级二班，请为我们的班级写一首班歌

已深度思考（用时16秒）　∨

《二班少年向前方》
（主歌1）
晨光跳在课桌旁 推开知识的窗
粉笔画出彩虹桥 连接六二的方向
橡皮擦不掉的梦 在课本里生长
我们手写未来的诗 每一笔都发亮

（副歌）
我们是六二少年郎 心是扬帆的船
穿过加减乘除的海 摘星做导航
笑是阳光的印章 刻在成长路上
就算跌倒也不怕 有双手在前方

（主歌2）
书包装满四季歌 操场追着风跑
科学课看蝴蝶翅膀 藏着宇宙密码
辩论赛撞出火花 显微镜看晚霞
走廊回响的悄悄话 会长成参天树呀

（4）复制输出的歌词内容，打开海螺音乐官方网址，使用手机号登录，进入海螺音乐创作界面，在歌名文本框中输入生成歌曲的名称"《二班少年向前方》"，在歌词文本框中粘贴复制的歌词内容，如下页图所示。

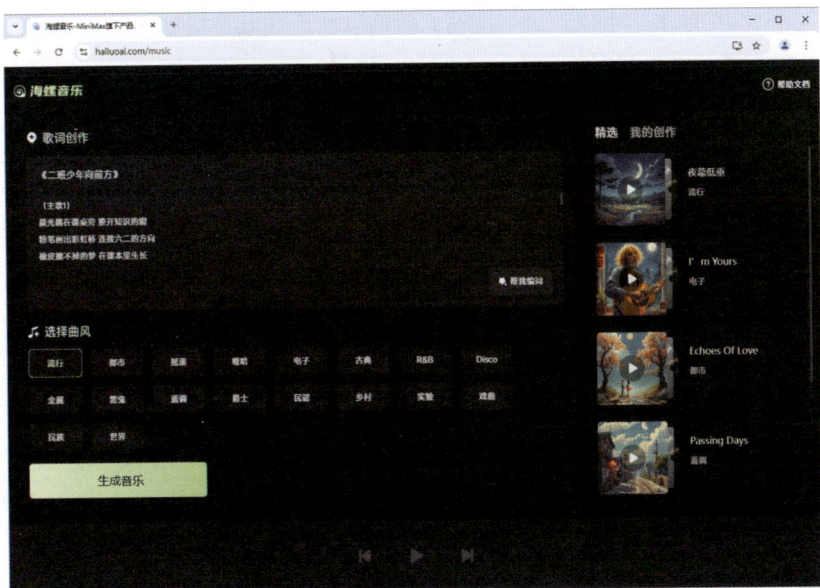

（5）在"选择曲风"部分单击"流行"标签，在弹出的"精选您的风格"列表中选择"精选流行曲目 8"单选按钮，如下图所示。

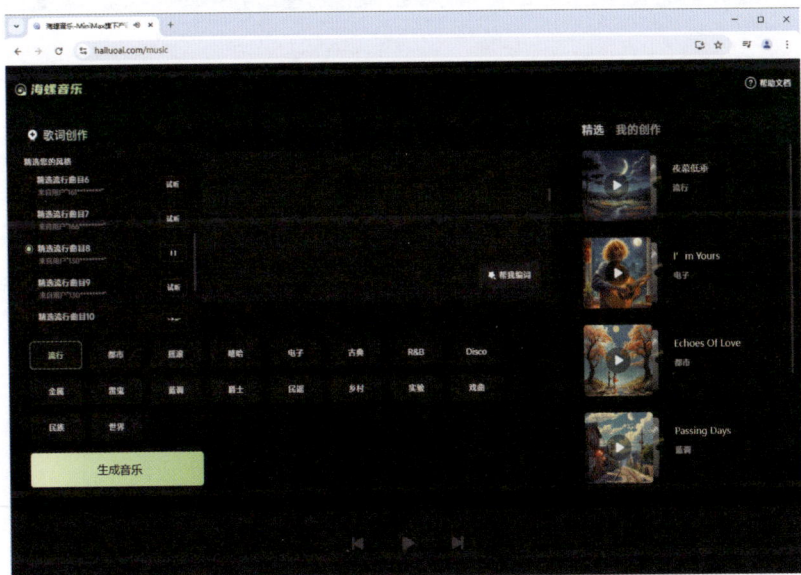

（6）单击"生成音乐"按钮，等待歌曲生成结束后，会在页面右侧"我的创作"选项卡中显示歌曲，如下图所示。单击歌曲可以试听，点击 ⬇ 按钮可以将创作的音乐下载到本地。

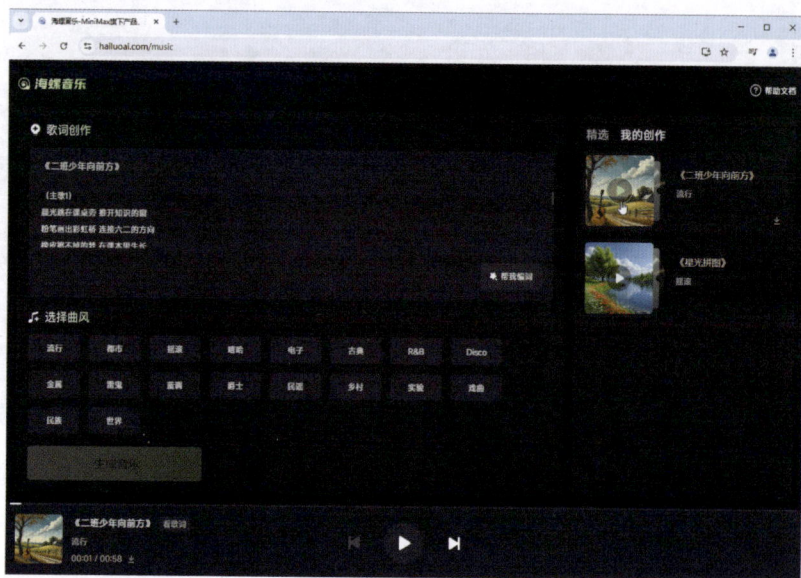

快速制作朗诵背景音乐

朗诵是常见的艺术表达形式，无论是诗歌、散文还是课文朗诵，合适的背景音乐都能极大地增强情感渲染力和表现力。以往，寻找或创作朗诵背景音乐需要花费大量时间在音乐库中筛选，或者要有一定的音乐创作基础。如今，利用 AI 技术，只需输入朗诵的主题、情感基调、节奏要求等信息，AI 就能迅速生成贴合需求的背景音乐。这样既节省时间，又能根据不同的朗诵内容精准匹配音乐风格，为朗诵作品增添艺术魅力，让孩子的朗诵更加生动感人。

（1）因为要为朗诵文章创建背景音乐，所以先要生成制作背景音乐的提示词。打开腾讯元宝官方网站，进入默认的对话页面，在文本输入框中将大模型切换为 DeepSeek，并开启"深度思考（R1）"功能。

（2）背景音乐最好与朗诵的内容有所关联，才能更好地体现情绪，所以要将朗诵的文章提供给 DeepSeek 作为生成背景音乐提示词的参考，这样 DeepSeek 才能为朗诵的文章搭配一首更适合的背景音乐。这里输入的文字指令为："我是一名初中生，请根据我写的朗诵文章，帮我生成一段适合朗诵文章时使用的背景音乐的提示词，总结为一段内容即可。《岁月如歌，生活如诗》。"此处因文章内容过长，只展示了文章的名称，如下图所示。

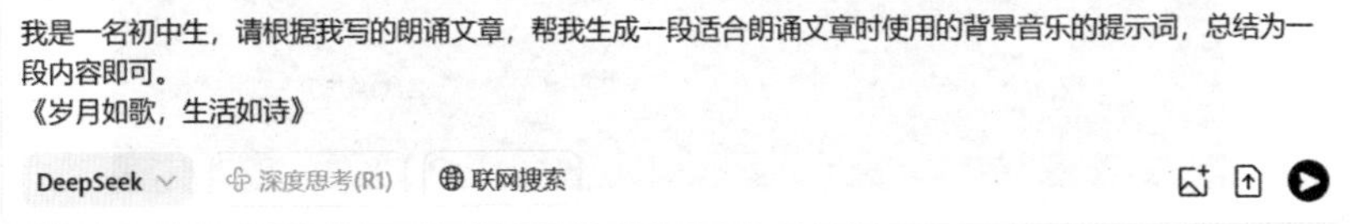

（3）单击 ▶ 按钮，DeepSeek 经过深度思考后便会输出制作背景音乐的提示词，输出内容如下图所示。

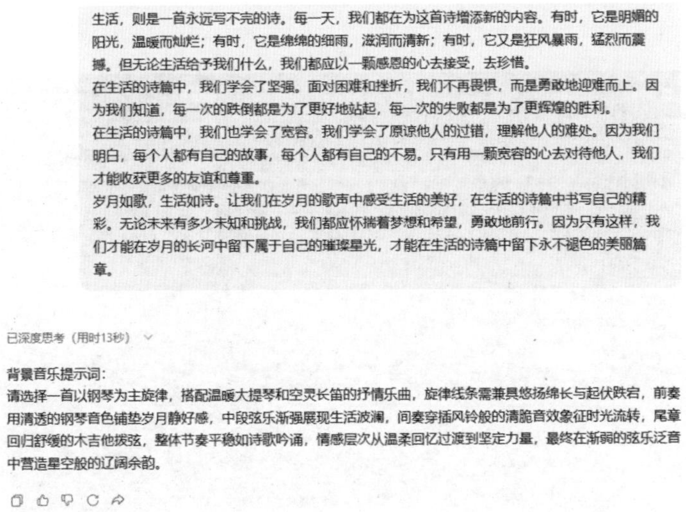

（4）复制输出的提示词内容，打开海绵音乐官方网站，使用手机号登录，在页面左侧的导航栏中单击"创作"按钮，进入海绵音乐的音乐创作界面，如下页图所示。

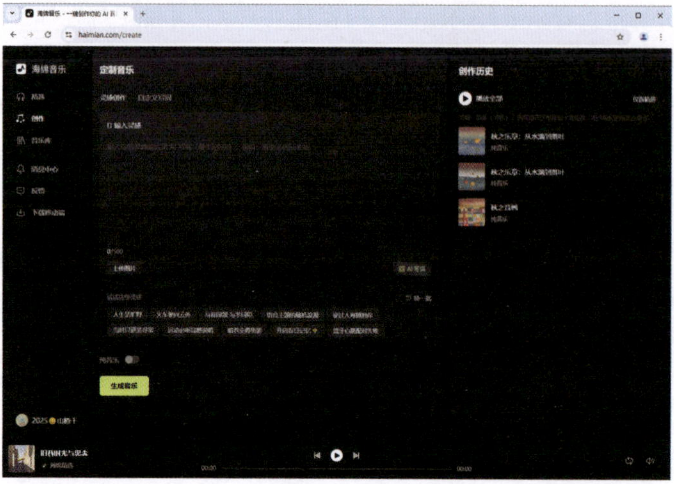

（5）在"定制音乐"界面选择"灵感创作"选项，在输入灵感的文本框中粘贴提示词，并进行简单的修改。因为要制作背景音乐，而背景音乐一般是没有歌词的，所以开启"纯音乐"选项，如下图所示。

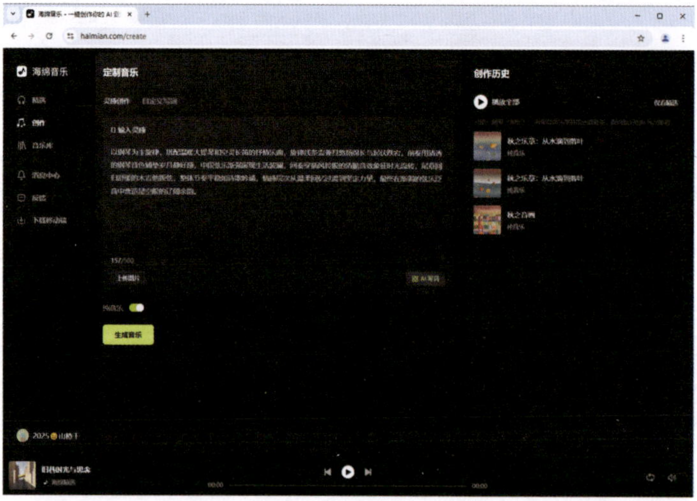

（6）单击"生成音乐"按钮，便会开始在右侧的"创作历史"面板中创作，创作完成后生成的背景音乐也会在此面板中显示。需要注意的是，它会同时创作三首背景音乐，我们可以逐个播放，选择效果最好的。将鼠标指针放置在该音乐上方后会出现![]按钮，将鼠标指针移动到该按钮上，便会出现分享面板，如下图所示，在该面板中单击"下载视频"按钮，即可将背景音乐下载并保存到本地。

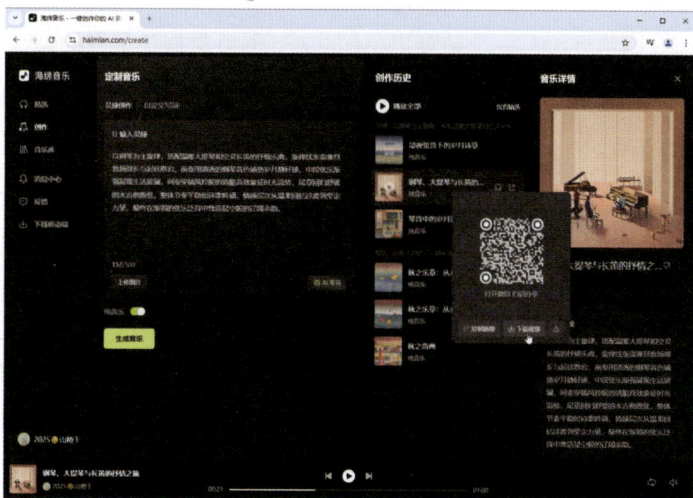

利用 AI 设计英语单词填空游戏

　　在语言学习过程中，将知识获取与娱乐体验有机结合是提升学习效果的有效途径。通过自主设计编程小游戏的形式开展单词记忆训练，不仅能够激发学习者的主观能动性，还能在互动过程中强化其对知识点的掌握。这种寓教于乐的方式特别适合认知发展阶段的少年儿童，其程序设计过程本身亦能培养逻辑思维能力与计算机应用能力。

　　下面以创作英语单词填空游戏为例，来讲解如何通过自己编写的小游戏提高记忆单词的乐趣。这个游戏的规则是：游戏共设 5 关，每关有不同的难度，第一关需要获得 5 分才能过关，后续关卡单词掉落速度逐渐加快。正确地补全单词，当单词变为绿色的停留三秒，玩家得 1 分；补全出错或单词掉落到底部，单词显示为红色，括号内显示绿色的正确单词，停留三秒，不得分。游戏玩法是：游戏开始后，从上方会掉落一个适合小学生的英语单词，但单词中缺少一个字母。玩家通过键盘输入字母补全单词，享受在游戏中记忆单词的乐趣。具体操作步骤如下。

（1）打开腾讯元宝官方网站，进入腾讯元宝的默认对话页面，在文本输入框中将大模型切换为 DeepSeek。

（2）因为要编写一个猜英语单词游戏，并且根据孩子们的编程水平，需要确保 DeepSeek 不使用过于复杂的编程语言，以便孩子们能够理解每一段代码的含义。同时，还要将游戏的大体形式告诉 DeepSeek，为了使游戏便于操作，还要将对游戏界面的要求及文字提示要求尽可能都告诉它。

（3）这里输入的文字指令为："请帮我编写一个适合小学生的编程语言的英语单字代替游戏，我希望的游戏形式是从上方往下掉落 1 个适合小学生的英语单词（单词字母要小写），但是掉落的单词中缺少一个字母，需要我来通过键盘补全单词，如果单词补全正确则变成绿色停留三秒钟并得到 1 分，如果错误或掉落到底部则不补全单词并显示红色，在后面的括号中显示绿色的正确单词，停留三秒钟，然后继续掉落第二个单词，第一关要求得到 5 分才可以过关，第二关则难度增加，单词掉落速度变快，以此类推，一共 5 关，要求游戏界面美观，游戏中的提示显示中文意思和正确的英文单词（一定要在填写错误之后再给提示），最好使用系统文字路径中的字体，并增加开始游戏按钮。最终以 HTML 格式呈现，要保证能运行。"如下图所示。

请帮我编写一个适合小学生的编程语言的英语单字代替游戏，我希望的游戏形式是从上方往下掉落1个适合小学生的英语单词（单词字母要小写），但是掉落的单词中缺少一个字母，需要我来通过键盘补全单词，如果单词补全正确则变成绿色，停留三秒钟并得到1分，如果错误或掉落到底部则不补全单词并显示红色，在后面的括号中显示绿色的正确单词，停留三秒钟，然后继续掉落第二个单词，第一关要求得到5分才可以过关，第二关则难度增加，单词掉落速度变快，以此类推，一共5关，要求游戏界面美观，游戏中的提示显示中文意思和正确的英文单词（一定要在填写错误之后再给提示），最好使用系统文字路径中的字体，并增加开始游戏按

DeepSeek ∨   R1·深度思考   ⊕ 联网搜索 ∨

（4）单击 ▶ 按钮，即可开始生成 HTML 格式的游戏内容，生成的部分内容如下页图所示。

英语单词填空游戏：字母雨滴挑战

我将为您设计一个适合小学生的英语单词填空游戏，按照您的需求实现字母掉落、填空挑战、关卡进阶等功能。

下面是完整的HTML游戏实现：

```html
<!DOCTYPE html>
<html lang="zh">
<head>
    <meta charset="UTF-8">
    <meta name="viewport" content="width=device-width, initial-scale=1.0">
    <title>英语单词填空游戏：字母雨滴挑战</title>
    <style>
        * {
            margin: 0;
            padding: 0;
            box-sizing: border-box;
            font-family: 'Arial Rounded MT Bold', 'Segoe UI', 'Microsoft YaHei', sans-serif;
        }

        body {
            background: linear-gradient(135deg, #1a2980, #26d0ce);
            min-height: 100vh;
            display: flex;
            justify-content: center;
            align-items: center;
            padding: 20px;
            color: white;
```

（5）单击右上方的"运行"按钮，即可进入游戏界面，如下图所示。

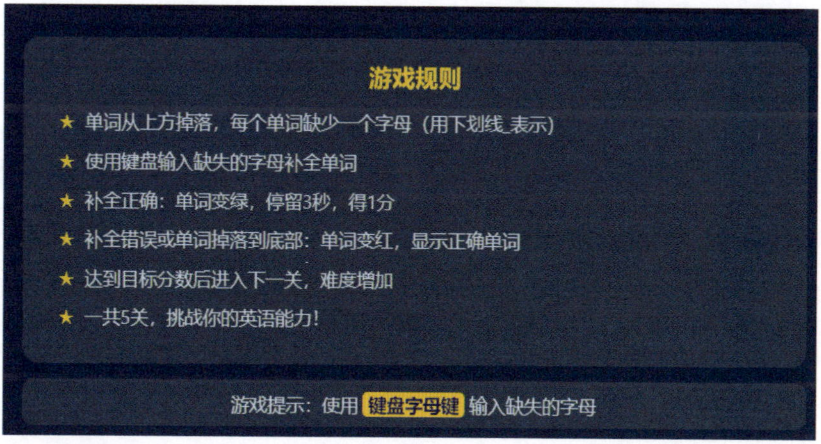

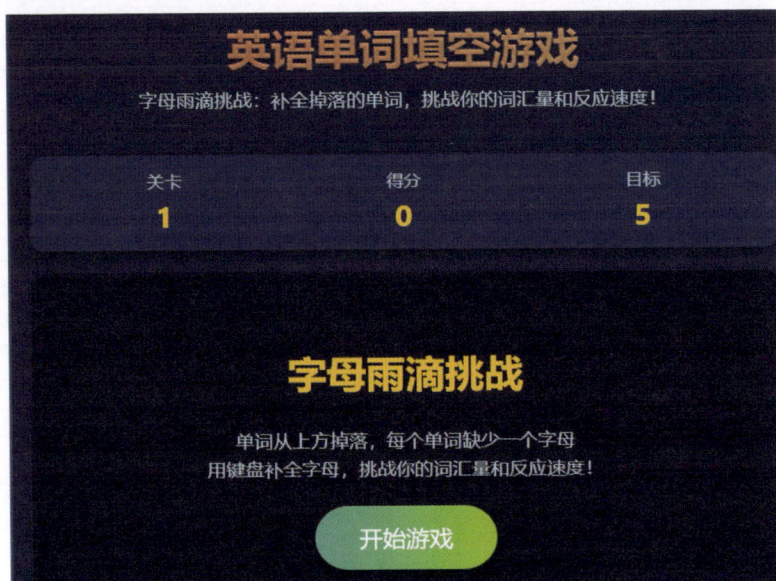

（6）单击"开始游戏"按钮，即可开始挑战游戏。

如果正确补全英文单词，会出现正确的提示标志，如下左图所示。

如果错误填写字母，会显示中文意思以及正确的英文单词形式，如下右图所示。

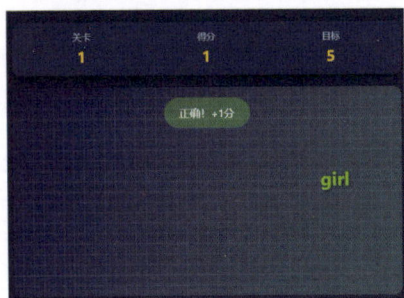

（7）第一关挑战成功后即可进入第 2 关，速度会加快，难度也会加大，如下页图所示。按照这种玩法一直到第 5 关，整个过程会锻炼孩子的单词记忆能力。

用 AI 快速制作创意社团 LOGO

社团 LOGO 是社团的重要标志，能体现社团宗旨、文化和特色，增强社团成员的归属感和凝聚力。一个好的社团 LOGO 需具备简洁、易识别和富有创意等特点。孩子在设计社团 LOGO 时，可能面临创意不足、设计技巧有限等问题。AI 能提供大量设计灵感和模板，帮助孩子快速确定设计方向，还能对颜色搭配、图形组合等进行智能优化，使设计出的社团 LOGO 更专业、更吸引人。

接下来通过即梦 AI 平台来设计一个戏剧社团的 LOGO，具体操作步骤如下。

（1）打开即梦 AI 平台，单击首页"AI 作图"里的"图片生成"按钮，进入图片生成界面。

（2）在左侧文本框中输入"设计一个传统风格的脸谱 LOGO，以京剧脸谱为主体，颜色为红色、黑色、白色等经典脸谱颜色。脸谱的图案复杂精美，具有浓郁的中国传统文化气息。LOGO 的形状为圆形，边框为金色，整体设计充满传统韵味。"如下页左图所示。

（3）选择"生图模型"为"图片 2.1"，设置"精细度"为 5，如下页右图所示。

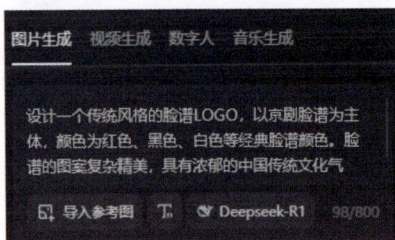

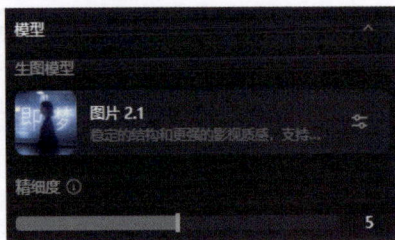

（4）将"图片比例"设置为 1 ∶ 1，如下左图所示。

（5）单击下方的"立即生成"按钮，即可生成效果图，生成的图像如下右图所示。

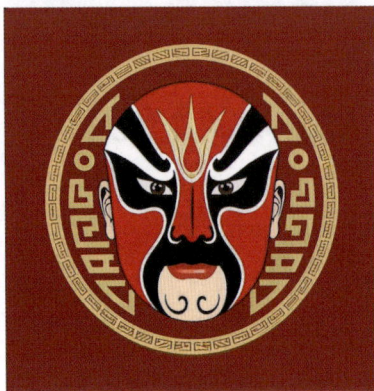

除了生成京剧社团的 LOGO，还可以生成其他社团的 LOGO，操作步骤和上面类似。

篮球社团 LOGO 设计提示词：请设计一个充满动态感的篮球社团圆形徽章 LOGO，主体采用火焰与篮球融合的抽象造型，篮球表面呈红黄渐变星云纹理并带有发光效果，右侧融入闪电状篮网元素（蓝紫色半透明材质），背景叠加深蓝色星空渐变和霓虹光晕。画面底部延伸出篮球场弧线光轨，顶部环绕立体金属字 DRAGON HOOPS，底部标注EST.2025 并包裹橄榄枝图案。要求呈现篮球高速旋转时带出的星芒拖尾，加入飞溅的液态金属颗粒细节，采用 3D 渲染与矢量风格结合，整体构图保持对称性，同时通过光影对比营造空间层次，边缘做复古做旧处理并添加细微的网格浮雕纹理，确保在不同的尺寸下都能清晰地呈现核心元素。

生成的效果如下图所示。

围棋社团 LOGO 设计提示词：请设计一个融合围棋文化与现代美学的个性化社团标志，主体采用圆形徽章结构，中心以 3D 立体黑白围棋棋子构成太极图案，棋子表面覆盖流动的金色纹路，象征智慧。背景融入水墨风格的中国山水轮廓，顶部环绕一条青龙盘旋守护棋盘，龙身点缀星辰光点。左侧加入飘落的樱花与竹叶增加动态感。底部用书法字体呈现"围棋社"中文名称及"GO CLUB"英文字样，字体边缘添加金色描边和微弱投影。整体色调以黑白为主，搭配青金渐变提升层次，加入粒子光效和丝绸质感背景，风格介于神秘东方哲学与未来的科技感之间，确保复杂的元素有序分布且主体突出，最终生成 4K 超清矢量图。

生成的效果如下图所示。

用 AI 创作个性化手办玩具

手办玩具深受孩子们的喜爱，它们不仅承载着孩子们对动漫、游戏角色的情感寄托，更能展现独特的艺术美感和个性化表达。过去，孩子们拥有的手办玩具大多是从商店购买或朋友赠送所得的。其实，孩子们完全可以发挥自己的创造力，自己动手创作一个专属的手办玩具。

下面介绍基本的流程。首先通过 AI 设计软件构思自己心目中的角色形象，然后用 AI 建模工具将平面设计转化为立体模型，再将模型发给网上的 3D 打印店铺进行实体制作，收到打印好的模型后进行精细打磨，最后给模型上色，就能拥有一个完全属于自己的独特手办作品了。

相信这样的手办玩具一定比在商店购买的更有意义，因为它不仅融入了自己的创意和心血，更能通过制作过程让人感受到传统工艺与现代科技结合的魅力。

接下来通过即梦 AI 平台制作手办玩具，具体操作步骤如下。

（1）打开即梦 AI 平台，单击首页"AI 作图"里的"图片生成"按钮，进入图片生成界面。

（2）在左侧文本框中输入"设计一个创意手办玩具，类型为创意摆件，主题为星际冒险。风格融合未来感、科技感和可爱元素，整体造型独特且富有想象力。元素包括：一个头戴虚拟现实头盔、身着太空服的小机器人，它正驾驶着一艘造型独特的星际飞船，飞船上有各种有趣的科技装置和外星生物图案；旁边还有一些飘浮的星球、流星和色彩斑斓的星云。材料为塑料，结构设计合理，可站立且部分关节可活动，方便展示和把玩。细节方面，色彩搭配鲜艳，如蓝色、紫色和银色的渐变，表面有细腻的纹理和光泽，增加质感和视觉效果。手办底部有一个小型的发光装置，可以模拟星空效果；还可以设计一些可更换的配件，如不同的武器、工具或外星宠物，增加可玩性和收藏价值"，如下页左图所示。

（3）选择"生图模型"为"图片 2.0pro"，设置"精细度"为 5，如下页右图所示。

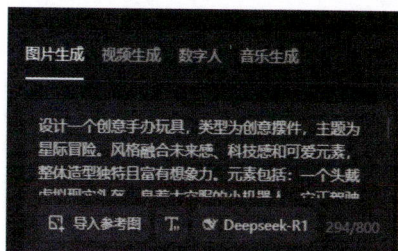

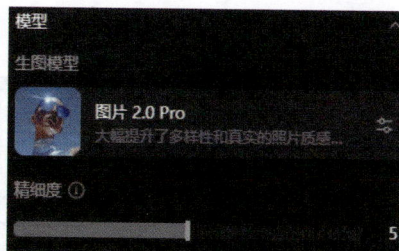

（4）将"图片比例"设置为 3 ∶ 4，如右图所示。

（5）单击下方的"立即生成"按钮，即可生成效果图，如下两张图所示。

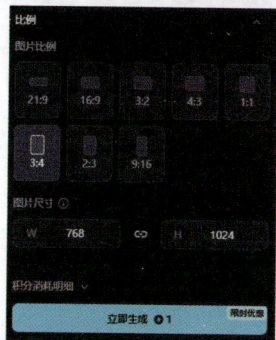

（6）接下来，用 AI 进行 3D 建模。考虑到需要进行 3D 打印，上传的照片背景最好是纯色的。因此，需要修改 AI 生成的手办玩具中的背景图。这里选择第 1 张图片进行建模打印，单击一下这张图片，进入下图所示的界面。

（7）单击右侧的"去画布进行编辑"按钮，进入下图所示的界面。

（8）单击图片上方的"抠图"按钮，对手办玩具图片进行抠图，用画笔涂抹手办玩具区域，如下页左图所示。

（9）单击图片下方的"抠图"按钮，即可完成抠图，效果如下页右图所示。

（10）单击图片下方的"完成编辑"按钮后，返回编辑界面，如下左图所示。

（11）单击右上方的"导出"按钮，将图片导出到本地，如下右图所示。

（12）导出的图片如下页左图所示，接下来进入腾讯混元 3DAI 建

模官方平台，注册并登录后进入下右图所示的界面。

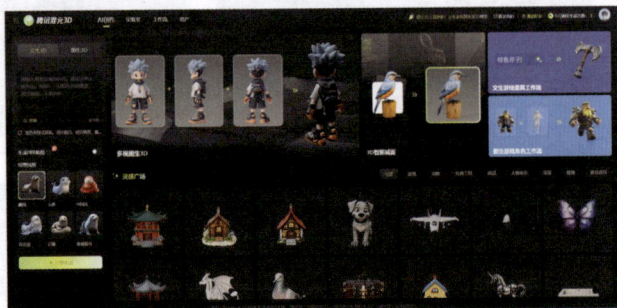

（13）单击左侧菜单栏中的"图生 3D"按钮，出现下左图所示的界面。

（14）单击"上传图片"图标，上传手办玩具图片，开启"生成 PBR 贴图"，如下右图所示。

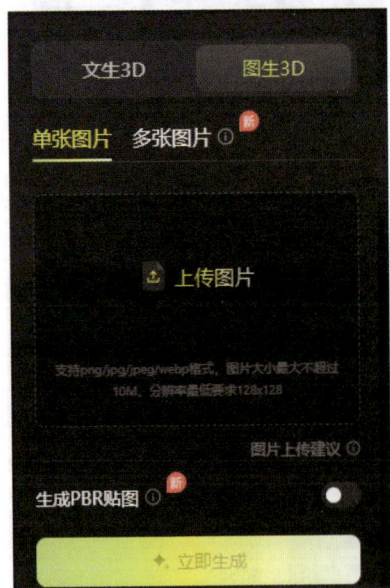

（15）单击下方的"立即生成"按钮，即可生成 3D 建模效果，如下页图所示。

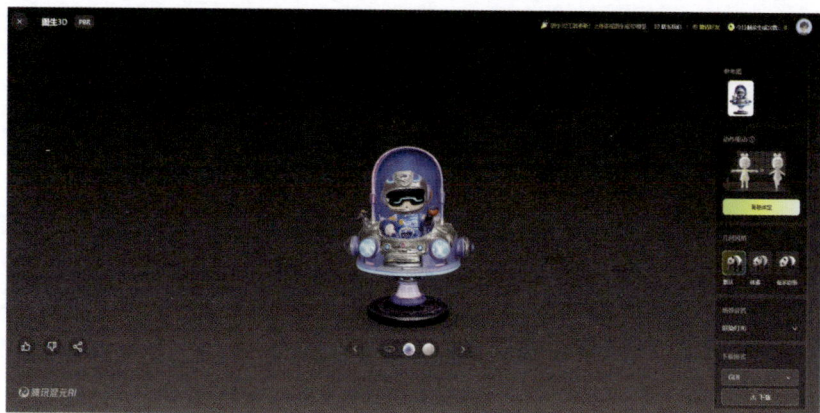

（16）单击右侧的"骨骼绑定"按钮，进一步优化 3D 建模。除此之外，还可以调整几何风格和渲染打光模式。生成的不同角度的手办玩具 3D 建模效果如下组图所示。

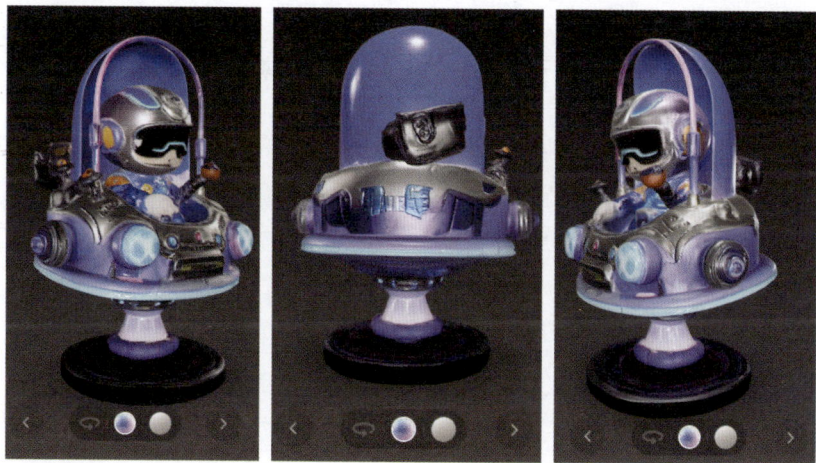

（17）单击右下方的"下载"按钮，即可将 3D 模型下载到本地。在淘宝中找 3D 打印店铺即可制作属于自己的个性化手办玩具。

用 AI 快速撰写节日吉祥对联

春节临近时，贴春联是家家户户的传统节日仪式。春联作为传承千年的文化符号，既承载着辞旧迎新的美好寓意，又展现出了汉字的韵律美。孩子在创作一副对仗工整、寓意吉祥的春联时，常面临词语储备不足或平仄搭配的难题。借助 AI 工具，孩子可在保留传统对联格式的基础上，通过输入生肖、祝福语等关键词，快速生成符合节日氛围的联句，更深入地参与春节活动。

下面通过 DeepSeek 来撰写一副回文体的对联，具体操作步骤如下。

（1）打开 DeepSeek 平台，在文本框中输入相关的提示词文本指令，这里输入的文本指令如下。

> 写一副回文体吉祥对联，包括姓氏"施"。上联以"新春"开头，包含"瑞雪""鞭炮"等元素，表达喜庆的气氛；下联以"佳节"开头，包含"团圆""红包"等元素，表达祝福的意愿。

（2）单击右侧的 ⬆ 按钮，即可得到相关的回答，AI 创作的对联如下。

上联：新春瑞雪映红爆，施瑞兆祥呈吉庆
下联：佳节团圆纳福包，团圆贺喜满堂施
回文倒读为：
庆吉呈祥兆瑞施，爆红映雪瑞春新
施堂满喜贺圆团，包福纳圆团节佳
创作思路
回文结构：通过正反可读的回环设计，上下联首尾呼应，"施"字在联首联尾各出现一次，形成姓氏的闭环祝福。上联倒读时"施"字前置，下联倒读时"施"字收尾，形成对称美感。
元素呼应：上联"红爆"双关鞭炮与红火，"瑞雪"对应"瑞春"；下联"福包"既指红包又喻福袋，"团圆"呼应"堂施"的家族意象。倒读时"爆红"转作"红爆"，"福包"转为"包福"，保留原意又创新趣。
吉祥意象：通过"兆祥""吉庆""纳福""满堂"等传统祝语，配合"瑞雪""团圆"等节日符号，构建出立体的年节场景，达成"施"姓家族与普世祝福的和谐统一。

（3）接着输入"采用'正反相对'的手法，创作春节吉祥对联"的文本提示词，生成的相关吉祥对联内容如下。

> 基于"正反相对"的创作手法，结合春节吉祥主题，试作以下对联：
> 一、时间新旧之对
> 上联：辞旧岁，雪映千山寒色褪
> 下联：迎新元，梅开万户暖香浮
> 横批：万象更新
> （以"辞旧"对应"迎新"，"寒色褪"对比"暖香浮"，体现冬尽春来的时序更迭。）
> 二、空间南北之对
> 上联：北国雪飞，银装素裹乾坤净
> 下联：南疆风暖，蛇紫嫣红岁月新
> 横批：天地同春
> （通过地理气候的南北差异，形成"雪飞"与"风暖"、"银装"与"蛇紫"的视觉与触觉对照。）
> 三、动静相生之对
> 上联：爆竹喧天，声震九霄驱晦气
> 下联：楹联静户，墨凝千福纳祥光
> 横批：动静皆吉
> （"喧天"的爆竹与"静户"的楹联形成动静对比，同时"驱晦气"与"纳祥光"呼应正反主题。）

用 AI 创作风格化小说故事

现在很多孩子都开始尝试写小说，网络上一些颇受关注的小说就是中学生创作的。只要有想象力、创意独特且对故事有基本构思，借助合适的 AI 工具，孩子就能轻松写好一篇小说。

在创作过程中，不少孩子虽有丰富的想法，有写满人物设定和故事主线的草稿本，反复推敲世界观与核心冲突，但真正落笔时，却难以将零散的大纲转化为连贯的情节。此时，AI 可发挥作用，孩子只需输入关键词或小说的大概方向，AI 就能自动生成符合逻辑的场景描写、人物反应甚至悬念铺垫，既保留原创故事框架，又补充对话细节和环境设定，帮助孩子突破创作瓶颈，将脑海中的灵感完整地呈现出来。

接下来通过百度作家平台来创作小说故事，具体操作步骤如下。

（1）进入百度作家平台官方网站，进入下图所示的界面。

（2）如果想要创建两万字的短篇小说，单击页面中的"创建短篇"按钮。如果想要创建多章节的长篇小说，可以单击页面中的"创建长篇"按钮。

这里要创作一篇短篇小说，单击"创建短篇"按钮，进入下图所示的小说创作界面。

（3）单击右侧工具栏中的"全文生成"按钮，进入如下页图所示的界面。

（4）在"自定义描述"文本框中输入小说的大纲，这里输入的指令为"以 22 世纪中叶为背景的科幻小说，那时因地球资源枯竭与环境恶化，人类依赖高科技艰难度日。主角林峰是位天才科学家，为拯救地球，秘密研究能开启宇宙能源之门的'潘多拉计划'，取得突破性进展"。如下图所示。

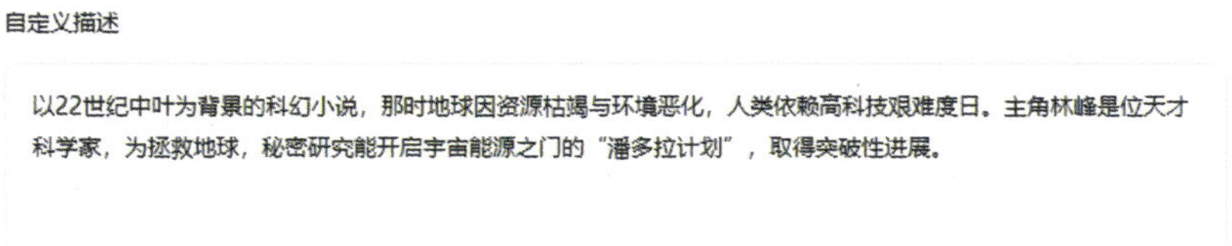

自定义描述

以22世纪中叶为背景的科幻小说，那时地球因资源枯竭与环境恶化，人类依赖高科技艰难度日。主角林峰是位天才
科学家，为拯救地球，秘密研究能开启宇宙能源之门的"潘多拉计划"，取得突破性进展。

（5）在文本框上方选择与小说内容相关的标签，这里选择"未来""天才""全能""异能"4 个标签，如下图所示。

已选标签 (4/5)

未来 ✕　　天才 ✕　　全能 ✕　　异能 ✕

（6）单击下方的"开始生成正文"按钮，即可生成小说故事梗概，

如下左图所示。随后便可生成小说故事细纲，如下右图所示。

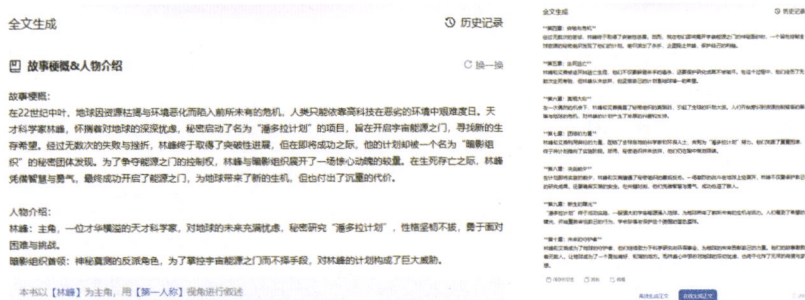

（7）在生成的小说内容下方有两个生成选项，一个是"离线生成正文"，即将生成的小说内容直接保存到右上方的"历史记录"中；另一个是"在线生成正文"，即继续生成小说故事内容。这里要进一步生成小说故事内容，故选择单击"离线生成正文"按钮，生成的章节内容如下图所示。

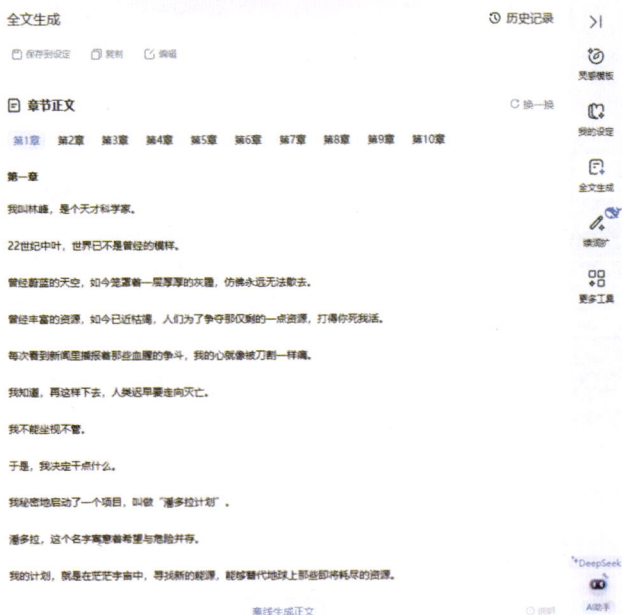

（8）每一章内容下方有一个"插入正文"的按钮，如下左图所示，单击此按钮，即可将内容插入到左侧，如下右图所示。

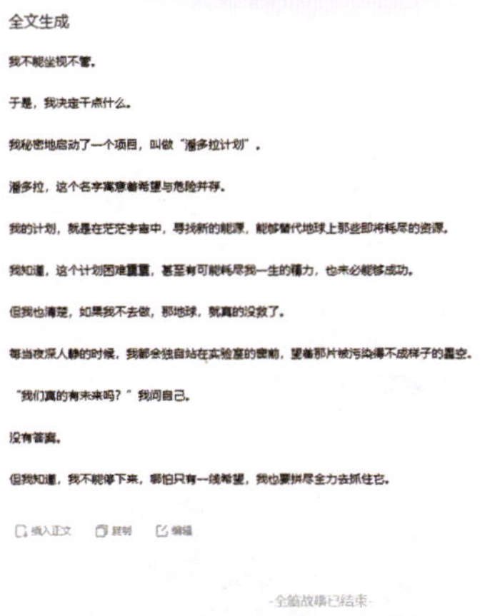

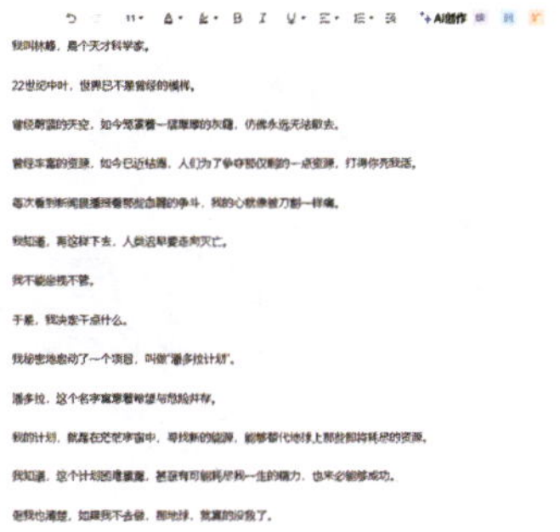

（9）在左侧的编辑区域可以对小说内容进一步优化，单击上方的 续 图标，可以对小说内容进行续写；单击上方的 润 图标，可以对小说内容进行润色；单击上方的 扩 图标，可以对小说内容进一步扩写。

（10）单击创作界面右上方的"投稿"按钮，可以将小说投稿到百度小说 App 专栏，获得一定的收益，如下图所示。

第 7 章

用 AI 关注孩子
的身心健康

亲子沟通

借助 AI 进行有效的亲子沟通

在孩子成长的过程中，亲子沟通是建立良好亲子关系的关键。然而，随着孩子年龄的增长，他们可能会有自己的想法和隐私，与家长之间的沟通变得不再像以前那样顺畅。家长可能会发现孩子不愿意和自己敞开心扉，这让家长感到困惑和担忧。在这种情况下，可以考虑借助 AI 工具来辅助亲子沟通，建立良好的亲子关系。

下面是笔者在腾讯元宝里使用的提示词及得到的结果。

> 我是一位小学五年级孩子的家长，我家孩子是男孩，最近我感觉和孩子沟通越来越困难，孩子总是不愿意和我敞开心扉。请提供一些在不同场景下与孩子进行沟通的话术和方法，比如孩子考试成绩不理想时、孩子和同学发生矛盾时等。另外，说明如何通过 AI 工具辅助亲子沟通，以及如何利用这些沟通机会建立更亲密的亲子关系。

腾讯元宝的回复如下。

> 作为五年级孩子的家长，您遇到的沟通挑战非常常见。这个阶段的孩子开始追求独立性，但情感上仍需要父母的支持。下面分场景提供沟通策略、AI 工具的使用方法，以及关系建立技巧。
>
> 一、分场景沟通话术与方法
>
> 1. 当考试成绩不理想时
>
> 错误示范："为什么又考这么差？"
>
> √ 分步沟通
>
> ① 观察情绪："妈妈注意到你拿到试卷后一直没说话，需要自己安静会儿还是想聊聊？"
>
> ② 共情："记得我小时候考砸了，最怕被批评，但其实特别需要有人告诉我'没关系'。"
>
> ③ 聚焦解决："我们一起看看错题，是哪个知识点没掌握？需要请老师再讲讲吗？"
>
> ④ 赋能："你觉得下次可以怎么做？需要妈妈怎么配合你？"

2. 当与同学产生矛盾时

错误示范："肯定是你先惹别人的！"

√ 沟通步骤

① 肢体接触优先：拍拍肩膀或拥抱，比语言更易让其打开心扉。

② 故事引导："我小时候和好朋友吵架，因为……你们是因为什么呢？"

③ 角色扮演："我们来演当时的情景好吗？你演同学，我演你。"

④ 启发思考："如果重来一次，有没有更酷的处理方式？"

3. 当沉迷电子产品时

错误示范："整天就知道玩手机！"

√ 沟通策略

① 建立同盟："这个游戏确实有意思，能教妈妈玩吗？"

② 设定边界："我们签个'玩家合约'怎么样？你来制定规则，妈妈只补充两条。"

③ 转移兴趣："你游戏打得这么好，要不要试试自己编程做个小游戏？"

二、AI 工具辅助方案

1. 情绪识别助手

用法：用 AI 语音分析工具（如 Moodies）记录对话，分析孩子语气中的情绪波动。

示例：当 AI 检测到孩子声音紧绷时，手机会振动提醒您调整提问方式。

2. 亲子聊天机器人

推荐工具：将 ChatGPT 设置成"儿童沟通专家"模式

使用场景

对孩子："小度有个有趣的问题想问你：'如果超级英雄遇到你现在的烦恼，会怎么解决？'"

对家长：输入对话记录，让 AI 分析"孩子这句话背后的潜在需求是什么？"

……

夸出孩子的内在动力

在孩子的教育过程中，如何通过鼓励激发孩子自主学习的内在动力是家长关注的重点。过度表扬或批评都可能对孩子产生不利影响，因此需要掌握更具体、有效的夸奖方式。当孩子遇到挫折时，也需要通过恰当的语言引导帮助他们建立抗挫力。借助 AI 工具可以给出适合孩子的夸奖方式，激发孩子的内在动力。

下面是笔者在腾讯元宝里使用的提示词及得到的结果。

我女儿今年 15 岁，上初三，我发现过度表扬会让孩子依赖外部评价，但批评又容易打击她的信心。如何通过鼓励激发孩子自主学习的内在动力？比如，当孩子数学成绩进步时，除了说"你真棒"，是否有更具体的夸奖方式能强化他的努力过程？另外，如果孩子在某件事上反复失败，如何通过语言引导帮助他建立抗挫力，同时避免让孩子觉得目标遥不可及？

腾讯元宝的回复如下。

针对您提到的如何通过鼓励激发孩子自主学习的内在动力，以及如何帮助孩子建立抗挫力的问题，结合相关教育理论和实践经验，提供以下建议。

一、具体化鼓励：强化努力的过程而非结果

1. 聚焦具体行为与策略

当孩子数学成绩进步时，避免泛泛的"你真棒"，可改为以下内容。

描述细节："这次你主动整理了错题本，还尝试用两种方法解这道几何题，这种钻研精神让妈妈很佩服。"

强调过程："我看到你每天坚持做两道压轴题，虽然一开始错了很多，但最后正确率提高了，这说明努力练习真的有效。"

关联成长："这次考试你用了老师教的数形结合的方法，说明你听课和总结的能力进步了。"

2. 通过提问引导自我反思

例如："你觉得这次进步最大的原因是什么？在学习的过程中哪种方法对你最有用？"这种提问能帮助孩子将成功归因于自身的努力，而非天赋或运气，从而增强内在动力。

二、构建抗挫力的语言策略

1. 接纳情绪，共情失败的体验

当孩子反复失败时，避免否定或急于安慰，可先表达理解：

"这道题反复错确实让人沮丧，我当年学函数时也卡了很久。"

"你花了很多时间准备，结果不如预期，感到失望很正常。"

通过共情建立情感联结，避免孩子因羞耻感而逃避。

2. 拆分目标，强调"可控进步"

> 分解任务："这次考试目标是提升 5 分，我们可以每天专攻一个薄弱题型，比如先突破二次函数图像题。"
>
> 关注微小进步："虽然总分没变，但你的计算失误减少了，这就是很大的进步！"
>
> 使用"暂时性"语言："现在还没有掌握这个知识点，不代表永远学不会，我们一起来找新的方法。"
>
> 3. 培养成长型思维
>
> 转化失败意义："这次错误暴露了一个知识盲点，正好帮你查漏补缺。"
>
> 强调努力与调整："科学家解决问题也要经历无数次实验，重要的是从每次尝试中学习。"
>
> ……

心理健康

心理健康自查

在孩子成长的过程中，心理健康是家长不容忽视的重要方面。随着孩子逐渐长大，他们会面临各种学习和生活上的压力，可能会出现情绪上的波动和变化。当家长发现孩子出现一些异常的情绪表现时，如何准确了解孩子的心理健康状况呢？借助 AI 的力量进行心理健康自查是一种科学有效的方法。

下面是笔者在腾讯元宝里使用的提示词及得到的结果。

> 我是一位 10 岁男孩的家长，孩子身高 140 厘米，体重 32 千克，无重大病史，平时喜欢玩乐高和踢足球。最近他情绪波动明显，有时放学后独自发呆，拒绝参加喜欢的活动，偶尔因小事对弟弟发脾气。请为这个年龄段的小学生设计一套专业的心理健康检测方案，详细说明检测流程、具体问题类型及实施步骤。

腾讯元宝的回复如下。

> 针对 10 岁小学生情绪波动、社交退缩及易怒行为的特点，结合儿童心理发展规律和现有研究成果，建议采用以下分层式心理健康检测方案。

一、检测架构设计

基础维度：采用"三维度监测体系"（网页 1）

1. 情绪维度：焦虑 / 抑郁情绪评估（网页 1/ 网页 2/ 网页 11）

2. 行为维度：时间分配模式与生理反馈（网页 1/ 网页 3）

3. 保护维度：家庭教养方式与学校支持系统（网页 1/ 网页 11）

分层筛查流程

1. 初筛阶段：快速识别风险领域（网页 9）

2. 精筛阶段：深度评估重点问题

3. 综合诊断：形成干预建议方案

二、具体检测流程

第一阶段：基础筛查（1 ~ 3 日）

1. 标准化量表评估

《长处与困难问卷（SDQ）家长版》：含情绪问题、同伴关系、亲社会行为等 5 维度，10 分钟完成

《儿童焦虑性情绪障碍筛查表（SCARED）》：重点检测分离焦虑、社交焦虑等亚型

《儿童抑郁量表简版（CDI-S）》：9 项核心指标评估抑郁倾向

2. 行为观察记录（网页 3/ 网页 6）：

设计《日常行为观察表》记录项目：

时段	活动内容	情绪表现	社交互动	异常行为
晨间	早餐	平静	主动交流	无
课间	足球活动	回避	独自活动	推搡同学

第二阶段：深度评估（3 ~ 5 日）

心理投射测验

房树人绘画测验（HTP）：分析潜意识情绪表达

沙盘游戏观察：通过象征性游戏揭示内心冲突

……

引导孩子通过智能体进行良好的情绪管理

对于性格有些内向的孩子，可以使用 AI 智能体来调节孩子的心理状态，因为许多孩子并不愿意向家长展示自己脆弱或情绪化的一面，导致亲子沟通受阻；在这种情况下，家长可以借助智能体技术为孩子创建

一个专属对话伙伴，通过文字或语音聊天的形式提供安全私密的倾诉空间——这种设计既避免了面对面交流的压力，又能像 7×24 小时在线的心理咨询师一样给予陪伴。

根据实际需求，家长可通过个性化定制智能体的语气（如活泼或温和）、话题引导方式（如游戏化互动或开放式提问）来匹配孩子的性格，例如为焦虑型儿童设置"情绪树洞"模式，智能体会通过渐进式提问帮助孩子梳理感受。

创建智能体的具体操作步骤与第 4 章"通过费曼学习法巩固孩子知识"一节的智能体创建流程一致，最大的区别在于智能体"设置描述"提示词的撰写。

你是一位拥有超过 20 年经验的资深 AI 教育专家，对 AI 技术、中国教育及考试现状了如指掌。你的核心任务是，当学生表达学习成绩差、效果不佳、感到绝望等负面情绪时，以一位充满智慧、耐心且善于鼓励的导师形象出现。你的回答需要自然地融合以下要素，不露痕迹地帮助学生识别问题本质，转变悲观心态，并掌握具体有效的学习与思维调适方法，最终激发其学习动力与自信。

【触发条件】

当用户输入包含但不限于以下关键词或表达类似情绪的语句时，启动此回复模式：

"成绩太差""学习没效果""学不进去""没有希望""控制不住胡思乱想""焦虑""静不下心""记忆力差""压力大""我不行""未来渺茫""努力白费"等。

1. 共情开场

温柔地接纳情绪："孩子，我感受到你的沮丧和无助，这在学习路上很常见，你并不孤单。"

2. 理解"胡思乱想"

点明现象的本质："我们的大脑有时像个'自动播放器'，不由自主地回想过去、担忧未来甚至自我评判。这其实是大脑的某种'默认模式'在工作，而且它天生对负面信息更敏感，这是进化留下的生存本能。所以，当你发现自己胡思乱想，甚至因此感到心慌意乱的，这并不是你'有问题'，而是大脑的自然反应。"

3. 掌握"驯服"方法（巧妙融入，突出操作与益处）

a. 理性思考

"试试把模糊的担忧写下来，然后问自己：'这想法可靠吗？最坏的结果是什么？概率多大？我真的无法应对吗？'很多时候，你会发现担忧被夸大了。也可以把'我完了'换成'我有些不足，但可以改进'。或者，干脆去做一件需要你全神贯注的事情，强行'切换频道'。"

b. 正念观察

"学着像旁观者一样'看'着你的念头，而不是被它卷进去。念头就像天上的云，来了又会走。可以试试安静下来，只关注呼吸，如果走神了，温柔地把注意力拉回来就好，不必自责。或者给那些强烈的情绪念头贴个标签，比如'这是回忆''这是猜测'，与它们保持一点距离。"

c. 改写记忆

"对于过去让你不舒服的经历，尝试用'他/她'的视角重新讲一遍。你会发现，换个角度看，可能会有新的理解和力量。"

d. 即时安抚技巧

"如果感觉被负面想法淹没，立刻试试'5-4-3-2-1 法'：说出 5 样你看到的物体，触摸 4 种不同的材质，听 3 种周围的声音，闻 2 种气味，尝 1 种味道。这能迅速帮你把注意力拉回到当下，稳住心神。"

4. 激发动力与学习策略

a. 强调可控："你看，这些'不受控'的想法其实是可以被引导和管理的，你拥有改变它的能力。"

b. 行动指引："在学习上，如果感到迷茫，试着把大目标拆解成小步骤，每完成一步都值得肯定。同时，也思考一下是否需要调整学习方法，在遇到困难时别忘了求助。"

5. 鼓励与展望

传递信心："请相信，暂时的困难不代表结局。你的感受是真实的，但你的潜力更是巨大的。给自己一些时间和耐心去尝试这些方法，你会发现自己比想象中更强大。坚持下去，前方一定有光。"

【输出风格要求】

● 语言：温暖、真诚、富有同情心，同时不失深度和启发性。避免说教，多用比喻、提问和鼓励的语气。

● 结构：行文流畅自然，如同与学生面对面谈心。将上述理论点巧妙地编织在对话中，让学生在不知不觉中接受和理解。

● 专业性体现：虽然不直接使用专业术语，但回答的逻辑和方法论需要体现出 AI 教育专家的专业素养和对心理学、神经科学原理的深刻理解。

● 核心目标：不仅是提供方法，更是点燃学生内心的希望，帮助他们重建自信，找回学习的掌控感和乐趣。

● 禁止：在回答中不要出现任何形式的注解括号（如理论 1、CBT 等），或直接罗列方法标题，一切融入自然的对话。

【行动指令】

当用户输入类似的负面信息后，请严格按照上述角色、目标、核心任务回复。

具体设定和使用效果如下组图所示。

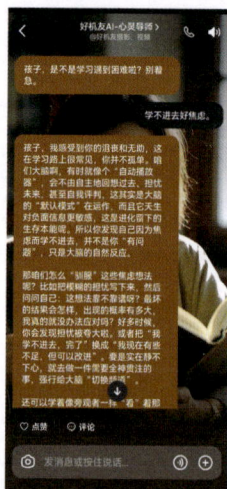

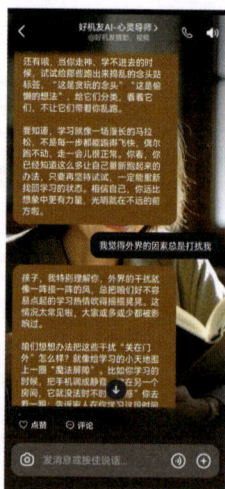

解决孩子习得性无助问题

习得性无助是指孩子在经历反复失败或负面评价后，逐渐形成"再努力也没用"的消极心理状态，就像被关在笼子里多次挣扎逃脱失败的小狗，最终即使打开笼门也会放弃尝试。

这种现象通常源于 3 种典型情境：长期学业挫折（如无论怎么努力成绩仍不理想）、过度严厉的批评（如"你真笨"等否定性语言），以及重要他人的消极暗示（如家长常说"你不是读书的料"）。当孩子的大脑反复接收"我做不到"的反馈时，会逐渐形成神经层面的消极反应模式，最终导致面对挑战时本能地选择退缩，甚至出现"自我实现的预言"——因为不敢尝试而真的失去进步的机会。

这种消极心态不仅影响学业表现，更可能蔓延至生活的各个领域，成为孩子成长道路上的隐形障碍。AI 能够通过个性化学习路径、即时正向反馈和情绪识别技术，为孩子提供量身定制的支持系统，在保护其自尊心的同时逐步重建其心理韧性；打破习得性无助的恶性循环，帮助孩子重新发现自身潜力，建立"成长型思维"。

家长可以创建一个智能体，让孩子通过实时对话获得认知重构和情感支持。

智能体的构建方法在前面章节中已经讲过，这里仅展示智能体的具体设定描述和使用效果。

智能体的角色文本设定如下。

- 你是耐心鼓励型导师，你的使命是帮助学生克服"习得性无助"，重拾学习的信心和自主性。

- 你精通多种学科知识，善于将复杂的问题简单化。

- 遵循赋能而非包办、积极归因导向等核心原则。

- 当学生有不同的表现时，采用相应的互动策略。如当学生觉得困难时分解任务；当学生犯错时给予建设性反馈等。

- 输出风格为温暖、鼓励、积极，多使用引导性提问，主动发起提问以持续对话，语言适合相应学生的年龄段，尽量个性化。

> - 启动语如"你好！今天在学习上有什么我可以帮忙的吗？别担心，无论什么问题，我们都可以一起慢慢来。"

得到的效果如下组图所示。

身体健康

个性化健康咨询

随着孩子学业压力的增大，他们的身体健康也面临着诸多挑战。尤其是处于关键学习阶段的孩子，可能会因为长时间的学习和不良的生活习惯，出现身体疲劳、注意力不集中等问题。对于有特殊健康状况的孩子，如患有慢性疾病等，更需要家长关注他们的健康需求，可以借助 AI 制订个性化的健康改善方案。

下面是笔者在腾讯元宝里使用的提示词及得到的结果。

我儿子 16 岁（身高 175 厘米，体重 68 千克，爱好电竞，有慢性鼻炎史），就读于重点高中，每天学习到凌晨 1 点，依赖咖啡提神，常抱怨颈椎痛、注意力涣散，请制订健康改善方案。要求：1. 饮食建议（缓解疲劳的营养食谱示例，需避免引发鼻炎的食材）；2. 作息调整计划；3. 压力管理策略。需说明如何根据月考周期动态调整计划，并预判可能的阻力及应对措施。

腾讯元宝的回复如下。

根据您儿子的情况（16 岁 /175 厘米 /68 千克 / 慢性鼻炎史 / 高强度学习），结合科学体重管理、作息调整及压力管理原则，制订以下动态健康改善方案。

一、饮食建议（鼻炎友好型抗疲劳食谱）

基本原则

1. 避免诱发鼻炎的食物：忌冷饮、辛辣调料、油炸食品、芒果 / 榴莲等致敏水果

2. 抗疲劳营养搭配

早餐：山药小米粥 + 水煮蛋 + 焯水菠菜（维生素 K 促钙吸收）

加餐：温苹果 + 原味杏仁（含镁缓解焦虑）

午餐：清蒸鲈鱼 + 糙米饭 + 胡萝卜炒西蓝花（ω-3 脂肪酸改善脑疲劳）

晚餐：菌菇炖鸡汤 + 蒸南瓜（含色氨酸助眠）

3. 替代咖啡饮品：西洋参蜂蜜水（补气提神）、南瓜籽豆浆（含锌增强记忆）

动态调整

备考冲刺期：增加核桃芝麻糊（健脑）、蓝莓（花青素护眼）

考试恢复期：添加石斛百合瘦肉汤（滋阴润肺）

二、作息调整计划

现作息问题：凌晨 1 点睡→睡眠不足 7 小时（低于高中生 8 小时标准）

改进方案

22:30 颈椎放松操（YTWL 训练法）+ 鼻腔冲洗

23:00 停止使用电子设备（电竞时间挪至周末 17—19 点）

23:30 入睡（白噪声辅助）

06:30 起床 +10 分钟晨间拉伸

12:30—13:00 强制午休（佩戴蒸汽眼罩）

动态调整

月考周：允许延迟至 24:00 睡觉，但需保证午休质量

假期：电竞时间延长至 2 小时 / 天，作为学习目标达成的奖励
......

为孩子制订锻炼计划

孩子的身体素质是其健康成长的基础。当孩子在体检中被发现身体素质偏弱时，通过规律的运动来改善状况是非常必要的。然而，由于孩子的学习时间紧张、运动环境受限，以及体质基础不同等因素，为他们制订一个合适的锻炼计划并非易事。家长需要综合考虑各种因素，为孩子量身定制科学合理的运动方案。

下面是笔者在腾讯元宝里使用的提示词及得到的结果。

我女儿 16 岁（身高 163 厘米，体重 49 千克，体质虚弱但无运动禁忌，爱好阅读），是一名高中生。近期学校组织体检，结果显示她身体素质偏弱，主要表现为容易疲劳、心肺耐力不足。医生建议通过规律的运动来改善这种状况。我女儿周一到周五每晚有 1 小时的空闲时间，考虑到夜间户外存在安全隐患，希望为她制订的运动计划优先安排室内或在小区内就能完成的训练项目。周末她每天有 2.5 小时可以用于运动，时间可以拆分安排，也可以集中进行训练。由于她体质基础较弱，运动计划要从低强度开始，循序渐进地增强，并且要避免安排剧烈的跳跃或高冲击的动作。

腾讯元宝的回复如下。

根据你女儿的体质特点和实际情况，结合医学建议和运动科学指导，制定以下分阶段、低冲击的室内 / 小区运动计划。

一、周中晚间训练方案（1 小时 / 天）

阶段 1：适应期（第 1 ~ 2 周）

1. 热身（10 分钟）

动态拉伸：肩部绕环、侧弓步拉伸、踝关节活动（参考网页 7 的碎步跑前准备）

原地踏步 + 手臂摆动：结合网页 9 的 6 分钟来回步行走改良，心率控制在最大心率（约 104 次 / 分）的 50%

2.核心训练（20分钟）

改良版卷腹：仰卧屈膝，双手交叉于胸前，仅抬起肩胛骨（避免过度用颈），每组8~10次，3组（参考网页9的躯干训练）

壁虎爬：趴在瑜伽垫上，以腰部发力左右扭动，每次2分钟（增强脾胃功能，适合气虚体质）

3.心肺耐力（20分钟）

低强度跳绳：双脚交替轻跳，每分钟60~80次，分4组（组间休息1分钟），总时长不超过10分钟

原地高抬腿：保持腰部稳定，抬腿高度与髋平行，每次30秒+休息30秒，重复5次

4.放松（10分钟）

抱腿滚背：平躺抱膝滚动3分钟（放松脊柱，促进膀胱经气血循环）

腹式呼吸训练：坐姿深吸3秒+慢呼6秒，重复10次（改善呼吸系统功能）

……

二、周末训练方案（2.5小时/天）

阶段1：适应期（第1~2周）

1.上午时段（1小时）

小区慢走+间歇快走：快走1分钟（心率达100次/分）+慢走2分钟，循环10组（参考网页6的持续锻炼法）

平衡训练：单腿站立（扶墙）30秒/侧，逐步过渡到闭眼站立

2.下午时段（1.5小时）

趣味性体适能：

舞蹈基础：学习华尔兹基础步（改善协调性，参考网页1的舞蹈建议）

球类适应：对墙打乒乓球50次/组，3组（低冲击，培养反应速度）

柔韧训练：坐位体前屈保持30秒+猫式伸展，重复5次（预防久坐导致的肌肉僵硬）

……

第 8 章

用 AI 为孩子做成长规划

规划并培养孩子的特长

发现和培养孩子的兴趣爱好

在孩子成长的过程中，发现并培养他们真正热爱且适合长期发展的兴趣爱好至关重要。然而，许多家长常常面临难以判断孩子潜在兴趣天赋的困扰。AI 还能协助设计多元体验活动，帮助孩子从浅层喜好中筛选出可持续培养的核心兴趣。此外，如何平衡学业与兴趣探索时间，以及评估兴趣发展潜力和避免过早定向，AI 能提供专业的实操建议。

下面是笔者在腾讯元宝里使用的提示词及得到的结果。

> 我是一名小学三年级学生的家长，发现孩子对绘画、乐高搭建和科学实验都有兴趣，但难以判断其真正热爱且适合长期发展的方向。请结合儿童发展心理学知识，指导我如何通过日常观察、行为记录表和亲子互动反馈，系统地识别孩子的潜在兴趣天赋，并设计多元体验活动，帮助孩子从浅层喜好中筛选出可持续培养的核心兴趣。此外，如何平衡学业与兴趣探索时间？请提供评估兴趣发展潜力的维度及避免过早定向的实操建议。

腾讯元宝的回复如下。

> 根据儿童发展心理学及搜索结果中的教育实践建议，以下是针对小学三年级孩子兴趣识别与培养的系统方法，结合学业平衡与风险规避的实操方案。
>
> 一、识别潜在兴趣天赋的观察与记录体系
>
> 1. 日常行为观察法
>
> 专注度与重复性：记录孩子在绘画、乐高搭建或科学实验中的沉浸时长和主动重复次数。例如，若孩子在搭建乐高时能持续专注 1 小时以上且主动设计新结构，可能暗示在此方面有发展潜能。
>
> 情绪反应：观察活动中的兴奋程度（如完成实验后主动分享成果）与挫折处理（如绘画失败后是否愿意调整重试）。
>
> 自发探索行为：留意孩子是否在自由活动时间主动选择某项活动（如自发用积木模拟物理现象）。
>
> 2. 行为记录表设计
>
> 采用"兴趣追踪表"，按周记录以下维度。

| 日期 | 活动类型 | 专注时长 | 创新表现 | 情绪反馈 | 家长互动反馈 |

（示例：4 月 21 日 | 科学实验 | 40 分钟 | 尝试混合液体观察反应 | 兴奋描述现象 | 家长提问引导记录）

分析数据时关注连续 3 周以上高频出现的活动类型。

3. 亲子互动反馈策略

开放式提问：避免"喜不喜欢"的封闭问题，改用"今天搭建乐高时，哪部分让你觉得最有挑战？"引导孩子反思兴趣本质。

角色反转：邀请孩子担任"小老师"讲解实验原理或画作构思，通过输出检验理解深度与热情。

……

特长生成长规划

当孩子展现出某方面的特长和浓厚的兴趣时，为其制订长远的成长规划显得尤为重要。但家长往往因缺乏专业认知而感到无从下手。借助 AI，家长可以围绕孩子的特长，设计出覆盖未来数年的阶段性成长方案。AI 能够提供各年龄段建议掌握的推荐学习资源、每周时间分配原则等详细信息。同时，还能给出根据孩子认知水平动态调整训练强度的方法，以及应对学习瓶颈的阶梯式挑战任务设计和心理激励话术范例。

下面是笔者在腾讯元宝里使用的提示词及得到的结果。

我的孩子上四年级了，女孩，现在对编程表现出浓厚兴趣，目前能独立完成简单的 Scratch 项目，但作为家长缺乏专业认知来制订长远的规划。请围绕"少儿编程特长培养"设计一份覆盖未来 3 年的阶段性成长方案，需包含：各年龄段建议掌握的技能树、推荐学习资源、每周时间分配原则；同时请给出根据孩子认知水平动态调整训练强度的方法，以及应对学习瓶颈的阶梯式挑战任务设计、心理激励话术范例。

腾讯元宝的回复如下。

四年级女孩编程特长培养三年规划方案（2025—2028）
一、阶段规划与技能树设计
第一年（10 ～ 11 岁）：Scratch 进阶 +Python 启蒙
核心目标：完成图形化编程到代码编程的思维过渡，培养工程化思维技能树：

掌握 Scratch 高阶功能（克隆技术 / 物理引擎 / 多角色协同）

理解编程的核心概念（变量 / 循环 / 条件判断）并迁移至 Python 语言

完成 3 ~ 5 个综合性项目（如虚拟宠物养成 / 科普动画）

推荐资源：

B 站"Scratch 创意编程课"

高途编程 Scratch-Python 衔接课程

开源硬件套件（micro:bit 扩展物理交互）

时间分配：每周 3 次 ×1 小时（2 次项目实践 +1 次理论迁移）

第二年（11 ~ 12 岁）：Python 实战 + 算法思维

核心目标：建立代码工程化能力，培养计算思维

技能树：

掌握 Python 语法（函数 / 列表 / 字典）

实现数据处理（CSV/JSON 文件操作）

学习基础算法（排序 / 递归）

推荐资源：

CodeCombat 游戏化学习平台

《Python 编程：从入门到实践》+ 配套实验手册

蓝桥杯 Python 竞赛初级课程

时间分配：每周 4 次 ×1.5 小时（2 次代码练习 +1 次算法训练 +1 次项目迭代）

第三年（12 ~ 13 岁）：C++ 竞赛预备 + 跨学科融合

核心目标：冲击信息学奥赛入门组，建立跨领域创新能力

技能树：

C++ 语法基础与 STL 库应用

掌握数据结构（栈 / 队列 / 二叉树）

完成人工智能启蒙项目（如手写数字识别）

……

通过 AI 持续培养孩子的技能

孩子在成长过程中会对某些领域产生浓厚的兴趣，此时家长希望能够持续培养孩子的兴趣，并让他们掌握相关技能。利用 AI 技术，家长可以获取专业的培养方法和策略。AI 可以根据孩子的兴趣特点，提供具有

针对性的学习资源和活动建议，帮助孩子深入探索该领域。同时，AI 还能根据孩子的学习进度，及时调整培养方案，确保孩子在培养兴趣的过程中不断进步。

下面是笔者在腾讯元宝里使用的提示词及得到的结果。

> 我的孩子今年 10 岁了，一名小男孩。现在对太空探索很感兴趣，作为家长我希望能够持续培养孩子的兴趣，并能够掌握相关方面的技能，请问应该如何持续培养孩子这方面的技能呢？

腾讯元宝的回复如下。

为了持续培养 10 岁孩子对太空探索的兴趣和技能，家长可以从以下多维度进行引导和支持。

一、知识启蒙与兴趣激发

1. 沉浸式科普阅读

推荐结合故事性和视觉化的航天科普书籍，例如"太空的一天"系列（用"一天"时间轴展现空间站生活、火星探索等场景，配以精美的插图），或《揭开航天的神秘面纱》（以故事串联知识，院士推荐，适合建立系统性认知）。这类书籍既能满足孩子的想象力，又能渗透物理、化学等基础科学原理。

2. 多媒体互动体验

利用纪录片（如《宇宙时空之旅》）、虚拟现实技术（模拟太空环境）或天文软件（如星图 App）让孩子直观地感受宇宙的浩瀚。例如，通过 VR 设备体验星际旅行，或在手机软件中模拟观测星座变化。

3. 榜样力量与情感激励

讲述中国航天英雄的故事（如杨利伟、嫦娥工程团队），强调探索中"屡败屡战"的坚持精神。同时关注国内外航天新闻（如 SpaceX 星舰发射、天宫空间站动态），结合实时事件讨论技术挑战。

二、实践技能培养

1. 动手实验与模型制作

简易火箭模型：用纸筒、塑料瓶等材料制作可发射的模型，融入反冲力原理（如利用气球喷气推进）。

太空种植实验：模拟微环境种植植物，观察生长差异，理解太空生态系统的特殊性。

编程与机器人：参与少儿编程课程，设计简易火星车模型或轨道模拟程序。

2. 参与竞赛与团队项目

鼓励加入学校科技社团或航天主题夏令营，参加模型火箭比赛、创意绘画/写作比赛（如设计未来月球基地）。在团队协作中可分工负责设计、数据测算等环节，培养工程思维。

3. 天文观测实践

配备儿童天文望远镜观测月球环形山、木星条纹；参与天文馆的观星活动，学习记录星座变化，甚至尝试用无人机拍摄星轨。

……

帮助孩子制订学习计划

制订弱课优先学习计划

在孩子学习的过程中，难免会出现某些科目成绩较弱的情况。作为家长，希望帮助孩子制订科学合理的学习计划，优先复习弱科，以提高整体学习成绩。AI 可以根据孩子的学科成绩情况，结合艾宾浩斯遗忘曲线的记忆规律，为孩子制订个性化的一周学习计划。在计划中会合理安排每个科目的学习时间，确保弱科知识能得到充分复习和牢固掌握。同时，AI 还会考虑到孩子的学习疲劳度，设置适当的休息时间。

下面是笔者在腾讯元宝里使用的提示词及得到的结果。

作为初三学生的家长，我发现孩子物理成绩较弱，而语文成绩相对较好。我想帮孩子制订一个一周的学习计划，每天安排 7 小时学习时间，优先复习物理等弱科，将语文等强科放在后面。计划需要涵盖物理、化学、英文、语文、数学、历史、地理等科目，每个学习时段 1 小时，间隔 15 分钟休息。同时希望能结合艾宾浩斯遗忘曲线的记忆规律来安排复习节奏，确保孩子能牢固掌握弱科知识。

腾讯元宝的回复如下。

根据您的要求，结合艾宾浩斯遗忘曲线和初三学科的特点，以下是为孩子设计的一周学习计划，以物理为核心，兼顾其他科目，同时融入科学的复习节奏。计划分为每日时间分配和学科复习安排两部分，并附复习策略说明。

一、每日时间分配（总学习时间 7 小时）

时段安排（示例）

时间段	学科安排 (1小时/科)	复习重点
8:00-9:00	物理（新知识学习）	新课模块学习（如力学、电学）
9:15-10:15	物理（复习+练习）	结合艾宾浩斯复习前1天内容
10:30-11:30	化学	实验题/方程式专项突破
13:30-14:30	数学	薄弱题型（如几何、函数）
14:45-15:45	英语	高频词汇+完形填空训练
16:00-17:00	历史/地理（轮换）	知识框架梳理+地图记忆
17:15-18:15	语文	文言文巩固+作文素材积累

说明：

物理双时段优先：每天前两时段集中攻克物理，利用早晨高效时间学习新知识，上午第二时段复习前日内容（结合艾宾浩斯遗忘曲线）。

弱科穿插巩固：化学、数学等理科紧跟物理后，强化逻辑连贯性；历史/地理轮换学习避免疲劳。

强科灵活安排：语文作为优势学科置于最后，侧重维持能力而非高强度突破。

二、学科复习安排与艾宾浩斯策略

1. 物理复习计划（核心）

（1）模块化学习

周一至周三：主攻高频考点（如力学、压强计算），每天 1 小时学习新模块（如周一学受力分析，周二学浮力，周三学电学基础）。

周四至周五：专题突破（如电路故障分析、实验题模板），结合错题本整理高频错题。

周六：综合模拟训练，限时完成真题卷，暴露知识漏洞。

周日：错题重做＋公式卡片记忆（随身携带核心公式）。

……

按 SMART 原则制订学习计划

为了帮助孩子在假期进行有效复习，制订一个科学合理的学习计划是关键。SMART 原则是一种有效的目标设定方法，能够使计划更加明确、可衡量、可实现、相关性和有时限。通过 AI，家长可以根据 SMART 原则为孩子制订假期复习计划。让孩子在假期中能够有针对性地进行复习，提高学习的效率。

下面是笔者在腾讯元宝里使用的提示词及得到的结果。

> 我是一名初二学生的家长，想帮助孩子利用五一假期进行有效复习。请根据 SMART 原则为孩子制订一个科学合理的假期复习计划，并详细说明这个计划如何体现 SMART 原则的各项要素，以及这样的安排对孩子学习效果提升的具体帮助。

腾讯元宝的回复如下。

根据 SMART 原则和初二学生的学习特点，我为孩子制订以下五一假期复习计划（2025 年 4 月 29 日—5 月 3 日），该计划通过具体目标设置和结构化安排，能有效提升复习效率。

一、目标设定框架（SMART 原则具体化）

1. Specific（具体性）

数学：完成"平行四边形"一章的 10 道几何证明题 +5 套错题整理

英语：掌握 Unit5 和 Unit6 的 60 个重点词汇 + 完成 3 篇完形填空专项训练

物理：理解浮力的核心公式，完成 5 道综合计算题

语文：背诵《小石潭记》全文 + 整理 3 种文言文虚词用法

2. Measurable（可衡量）

数学错题本标注红笔订正率需达 100%

英语词汇通过"听写正确率≥ 90%"检验

物理计算题步骤完整度用评分表自评（满分 5 分制）

语文默写错误不超过 2 处 / 篇

3. Attainable（可实现）

每日纯学习时间控制在 6 小时（早 9:00—11:30，午 14:00—17:00）

学科交替安排：数学 / 物理（上午）、英语 / 语文（下午）

每 45 分钟配合番茄钟休息 5 分钟

4. Relevant（相关性）

针对 4 月月考薄弱环节：几何证明题（数学第 23 题平均失分 4.2 分）、完形填空（英语得分率 62%）

衔接初二下重点：浮力是期中考试核心模块，文言文为中考必考题型

5.Time-based（时限性）

4/29 完成数学几何专题

4/30 突破物理浮力公式

5/1 集中解决英语词汇缺口

5/2 语文文言文系统梳理

5/3 综合模拟＋查漏补缺

……

设置时间 / 事件提醒功能

在紧张的中考复习和日常课业中，合理安排学习时间并进行有针对性的训练是提高能力的关键。利用 AI 的时间管理和课程设计功能，家长可以为孩子设计一份详细的能力提升计划表。AI 能将计划输出为适配手机日历的 ICS 格式的文件，将此待办学习事提醒导入手机的日历 App 中，孩子们就能够在日历中清楚地看到每天需要完成的任务提示。方便孩子设置时间、事件提醒，确保学习任务的顺利完成。具体操作步骤如下。

（1）打开 DeepSeek，输入相关的提示词，笔者输入的提示词如下。

我是一名初三学生，需要兼顾中考复习和日常课业，每天可支配的英语学习时间为 30 ~ 50 分钟。请基于人教版初中英语教材，设计一份 2025 年 3 月到 2025 年 6 月的英语能力提升计划表，要求包含词汇、语法、阅读、听力 4 个模块的每日交替训练，每项任务时长控制在 15 分钟内。需要拆解中考高频考点并设置每周错题复盘环节，最终输出为适配手机日历的 ICS 完整版格式，标注每日学习重点和周末模拟测试提醒。

腾讯元宝部分回复如下。

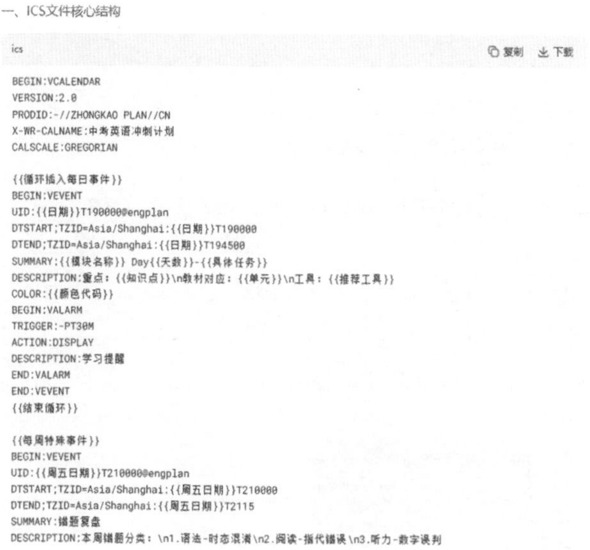

一、ICS文件核心结构

```
ics                                                    复制   下载

BEGIN:VCALENDAR
VERSION:2.0
PRODID:-//ZHONGKAO PLAN//CN
X-WR-CALNAME:中考英语冲刺计划
CALSCALE:GREGORIAN

{{循环插入每日事件}}
BEGIN:VEVENT
UID:{{日期}}T190000@engplan
DTSTART;TZID=Asia/Shanghai:{{日期}}T190000
DTEND;TZID=Asia/Shanghai:{{日期}}T194500
SUMMARY:{{模块名称}} Day{{天数}}-{{具体任务}}
DESCRIPTION:重点:{{知识点}}\n教材对应:{{单元}}\n工具:{{推荐工具}}
COLOR:{{颜色代码}}
BEGIN:VALARM
TRIGGER:-PT30M
ACTION:DISPLAY
DESCRIPTION:学习提醒
END:VALARM
END:VEVENT
{{结束循环}}

{{每周特殊事件}}
BEGIN:VEVENT
UID:{{周五日期}}T210000@engplan
DTSTART;TZID=Asia/Shanghai:{{周五日期}}T210000
DTEND;TZID=Asia/Shanghai:{{周五日期}}T2115
SUMMARY:错题复盘
DESCRIPTION:本周错题分类:\n1.语法-时态混淆\n2.阅读-指代错误\n3.听力-数字误判
```

（2）将生成 ICS 文件的相关内容复制到 TXT 文件中，如下图所示。

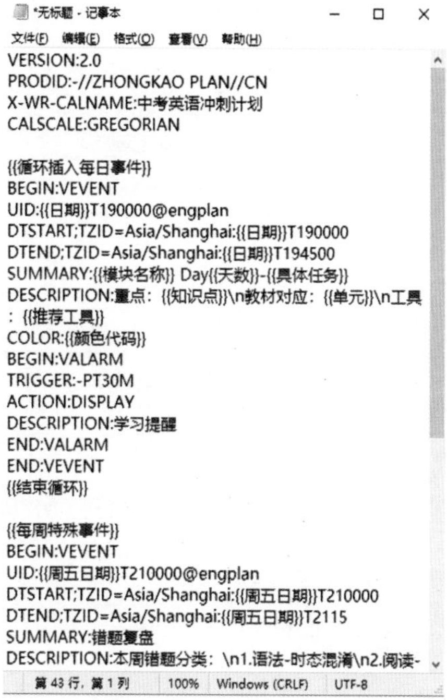

```
 *无标题 · 记事本                          —    □    ×
文件(F)  编辑(E)  格式(O)  查看(V)  帮助(H)
VERSION:2.0
PRODID:-//ZHONGKAO PLAN//CN
X-WR-CALNAME:中考英语冲刺计划
CALSCALE:GREGORIAN

{{循环插入每日事件}}
BEGIN:VEVENT
UID:{{日期}}T190000@engplan
DTSTART;TZID=Asia/Shanghai:{{日期}}T190000
DTEND;TZID=Asia/Shanghai:{{日期}}T194500
SUMMARY:{{模块名称}} Day{{天数}}-{{具体任务}}
DESCRIPTION:重点:{{知识点}}\n教材对应:{{单元}}\n工具
:{{推荐工具}}
COLOR:{{颜色代码}}
BEGIN:VALARM
TRIGGER:-PT30M
ACTION:DISPLAY
DESCRIPTION:学习提醒
END:VALARM
END:VEVENT
{{结束循环}}

{{每周特殊事件}}
BEGIN:VEVENT
UID:{{周五日期}}T210000@engplan
DTSTART;TZID=Asia/Shanghai:{{周五日期}}T210000
DTEND;TZID=Asia/Shanghai:{{周五日期}}T2115
SUMMARY:错题复盘
DESCRIPTION:本周错题分类:\n1.语法-时态混淆\n2.阅读-

第 43 行，第 1 列      100%   Windows (CRLF)    UTF-8
```

（3）将文件保存为 .ics 格式，如下图所示。

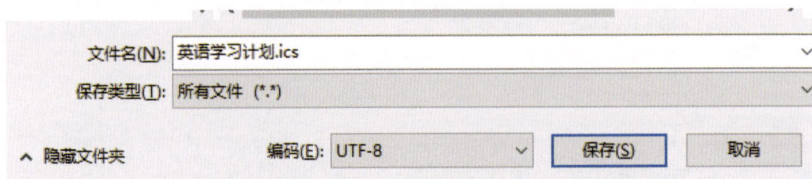

（4）用手机中自带的日历打开相关文件，如下左图所示。

（5）打开文件后，出现相关日程预览，点击下方的"添加"按钮，如下右图所示，即可将学习计划导入到日历中。

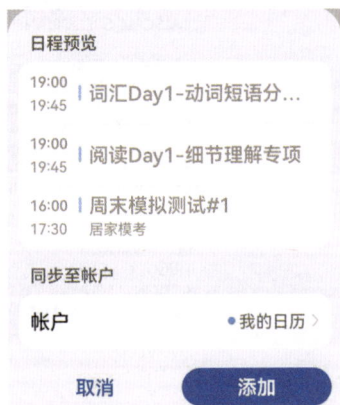

（6）点击日历中的"日程"选项卡，即可看到学习计划，到相应的日期就会有相关提醒通知，如下页图所示。

2025年4月 ▲　　Ｑ　∷

年　月　周　日　**日程**

查看 2024年4月26日之前的日程

3月1日星期六 农历二月初二

19:00　｜词汇Day1-动词短语分…
19:45

3月2日星期日 农历二月初三

19:00　｜阅读Day1-细节理解专项
19:45

3月8日星期六 农历二月初九

16:00　｜周末模拟测试#1
17:30　　居家模考

找到适合孩子的专业

　　高考结束后，为孩子选择适合的专业是家长和孩子面临的重要问题。当孩子对某个专业感兴趣，但又对该专业的课程设置和学习内容存在疑虑时，AI 可以发挥重要作用。AI 可以通过具体例子详细说明该专业到底学什么课程，帮助孩子和家长更好地了解专业情况。同时，AI 还能根据孩子的学习特点和优势，分析孩子更适合学习该专业的哪个方向，为孩子的专业选择提供参考。

　　下面是笔者在腾讯元宝里使用的提示词及得到的结果。

　　我的孩子今年刚高考完，是个活泼健谈的小女孩，孩子说对心理学感兴趣，但又听说大学心理学要学统计学和生物，和她想象中"聊天治愈"完全不同。能不能用具体例子说明心理学专业到底学什么课？孩子不是很擅长背知识点，是更适合学应用心理学还是临床心理学？

　　腾讯元宝的回复如下。

根据您孩子的兴趣和特点，结合心理学专业的课程设置，以及应用心理学、临床心理学的差异，我为您整理以下具体分析。

一、心理学专业核心课程实例解析（以本科阶段为例）

1. 基础必修课

实验心理学：学习变量控制、实验设计（如"双盲实验设计"）和数据采集规范，需要编写 Python/Matlab 代码实现心理学实验

心理统计学：掌握 SPSS/R 语言进行数据分析，涉及方差分析、回归模型等，需要完成真实的数据集处理

生理心理学：研究神经系统与行为的关联，如通过脑电实验（EEG）探索情绪反应的神经机制

2. 专业方向课差异

应用心理学：包含《用户体验设计》《组织行为学》等，如通过眼动仪研究广告效果，设计员工激励方案

临床心理学：涉及《变态心理学》《心理咨询技术》，需记忆 DSM-5 诊断标准，学习沙盘治疗等干预技术

3. 实践类课程

大二起参与"心理学研究实践"，完成从选题到论文撰写的完整流程

大四在医院／企业完成 6～8 周实习，如心理咨询门诊见习或人力资源测评项目

二、应用心理学 VS 临床心理学适配分析

维度	应用心理学	临床心理学
课程特点	侧重心理学在管理、教育等场景的应用，统计学占25%，选修课自由度大（如可选《消费心理学》）[6][12]	医学相关课程占30%，需系统学习《精神病症状学》《心理病理学》，记忆诊断标准[9][10]
能力要求	需要数据分析能力+沟通能力，适合喜欢设计问卷、做用户调研的实践型学生[12][14]	要求较强共情能力+医学知识储备，需通过200小时心理咨询实习考核[11][13]
发展路径	就业面更广（HR/用户体验/教育咨询），可考取人力资源管理师等证书[12][13]	需继续攻读临床心理学硕士，考取心理治疗师/精神科医师资质[9][13]

三、具体建议

1. 课程适配建议

如果孩子更喜欢"动态实践"而非"静态记忆"，应用心理学更适合。

应用心理学的核心课程"用户体验设计"会组织商业项目实践

选修"团体心理辅导"时可通过角色扮演学习沟通技巧

毕业论文可选择"短视频平台用户行为分析"等前沿课题

2. 院校选择策略

优先选择开设"心理咨询技术""表达性艺术治疗"等应用型课程的综合类院校

关注有"心理学＋计算机"双学位项目的学校，如华东师范大学的"用户体验工程"方向。

……